12.00

# La Revelación de la Cruz

*Una experiencia que transformará su vida...*

César Castellanos D.

CÉSAR CASTELLANOS D. © 2003
Publicado por G12 Editores
ventas@g12bookstore.com
sales@g12bookstore.com
www.visiong12.com

ISBN 1-932285-35-0



Cuando no se indica otra fuente, las citas bíblicas corresponden a la versión: Reina Valera, 1960 (Copyright Sociedades Bíblicas en América Latina).

Dirección Editorial_Johanna Castellanos
Editora General_Perla Doris Mora
Portada y diagramación_G12 editores

G12 Editors
954_634_0859
954_634_0860
Miami. Fl. USA

G12 Editores
Calle 22C No. 31-01
PBX: (571) 2693420
Bogotá, D.C., Colombia

*Impreso en Colombia*
*Printed in Colombia*

# *Contenido*

# *Introducción*

La vida de todo ser humano depende de un encuentro. Hay encuentros que alegran, otros que entristecen; pero tener un encuentro con la revelación de la Cruz es la experiencia más gloriosa que pueda alcanzar una persona. Cuando esto sucede, el cambio es radical y abarca todos los aspectos de la vida.

Posiblemente, algunos estarán pensando que me estoy refiriendo a la profesión de fe que hacemos cuando conocemos al Señor Jesús, pero déjeme decirle que la revelación de la Cruz va un paso más allá. Solo a través de ella podemos conocer a Jesús en el momento de su quebrantamiento. Él no podrá revelarnos sus bendiciones, si primero no hemos sido confrontados en los diferentes aspectos de la crucifixión.

Cuando Jacob tuvo su encuentro cara a cara con el ángel del Señor, él dijo: *"Vi a Dios cara a cara, y fue librada mi alma"*(Génesis 32:30). El patriarca Job, quien se justificaba por no comprender el por qué de su situación, frente a frente con el mismo Señor, expresó: *"De oídas te había oído; mas ahora mis ojos te ven. Por tanto me aborrezco, y me arrepiento en polvo y ceniza"*(Job 42:5-6).

El profeta Isaías quedó asombrado cuando vio la gloria del Señor y exclamó: "*¡Ay de mí! Que soy muerto; porque siendo hombre inmundo de labios, y habitando en medio de pueblo que tiene labios inmundos, han visto mis ojos al Rey, Jehová de los ejércitos*"(Isaías 6:5). El rey David, después de ser confrontado por el profeta Natán, se humilló confesando su pecado, imploró ser purificado con sangre y experimentó un genuino arrepentimiento, diciendo: "*Los sacrificios de Dios son el espíritu quebrantado; al corazón contrito y humillado no despreciarás tú, oh Dios*"(Salmos 51:17).

El apóstol Pablo expresó: "*Para que busquen a Dios, si en alguna manera, palpando, puedan hallarle, porque ciertamente no está lejos de cada uno de nosotros. Porque en él vivimos, y nos movemos, y somos; como algunos de vuestros propios poetas también han dicho: Porque linaje suyo somos*"(Hechos 17:27-28). En su disertación a los atenienses, les expresó que cualquiera que anhelara tener un encuentro con Dios, no le sería difícil, porque siempre podemos hallarle, Él siempre está cerca nuestro, tan cerca como el aire que respiramos. "*Y me buscaréis y me hallaréis, porque me buscaréis de todo vuestro corazón*" (Jeremías 29:13).

CAPÍTULO 1

# La Revelación de la Cruz

*"Y esta es la vida eterna: que te conozcan a ti, el único Dios verdadero, y a Jesucristo, a quien has enviado" (Juan 17:3).*

Meses atrás, mi esposa estaba reunida con su equipo de doce y les estaba enseñando que la base para tener un grupo correctamente formado debe fundamentarse en la revelación de la Cruz. Luego, pidió que cada una de las mujeres orara para que el Señor les diera la revelación de la Cruz, tomando como texto bíblico de referencia, Juan 17:3. Finalizando ya, mi esposa elevó la siguiente oración: "Dios, dame la revelación de la Cruz". Después de estas breves palabras, ella se vio frente a la experiencia más extraordinaria que jamás hubo tenido. Dios tomó su espíritu y lo unió al Espíritu de Cristo en el momento exacto de su crucifixión. Literalmente, ella pudo sentir todo lo que Jesús sintió cuando estaba colgado de aquel madero. Al mismo tiempo, se abrieron sus ojos espirituales y pudo ver las tinieblas que había sobre la tierra.

Conocer a Jesús es recibir la revelación de la Cruz, es experimentar el poder de Dios por medio de lo que Jesús sufrió para alcanzar nuestra redención.

Por medio de la fe, la meta de cada creyente debería ser llegar hasta la Cruz y percibir lo que el Señor Jesús vivió, sintiendo su misma agonía. Es fundamental que le pidamos a Dios que nos permita sentir lo que Jesús sintió, pues si somos uno con Él en su muerte, también lo seremos en su resurrección. La Cruz debe hacerse rhema, es decir, palabra vivificada, en cada uno de nosotros.

## LA EXPERIENCIA DE LA CRUZ, UN MILAGRO

Vivir la experiencia de la Cruz es un milagro. El Señor toma nuestro espíritu trasladándolo hasta el mismo momento de su mayor agonía y, literalmente, llegamos a ser uno con Él. Luego que usted ha vivido esta experiencia, adquiere la habilidad de llevar a aquellos que está discipulando a recibir esa misma revelación de la Cruz.

Allí entendemos que Él no murió para ser admirado como un mártir, ni para que la gente sintiera compasión por Él; tampoco lo hizo para ser famoso, sino que su misión fue tomar mi lugar, y su lugar, llevando todas nuestras debilidades al madero, cancelando la deuda que teníamos nosotros con Dios.

Todo aquel que comprenda esta revelación llegará a sentir que la muerte de Jesús pasa a ser también su propia muerte. Esto implica que el dolor que Él sintió, nosotros también lo sentiremos. Usted podrá decir: "*Siento sobre mí la misma agonía, dolor y sufrimiento que Cristo, pero como si fuese yo el que está crucificado*".

Cuando Claudia tuvo la revelación de la Cruz, y fue transportada de una manera sobrenatural hasta el Monte Calvario, Dios corrió el velo y le enseñó el sufrimiento de Jesús, tal como David proféticamente lo vivió, al componer el Salmo 22.

Por lo general, los grandes hombres de Dios, fueron confrontados con la Cruz. Aunque el sufrimiento de Jesús sucedió muchos años después de David, Dios tomó el espíritu de aquel rey y lo trasladó en el tiempo, llevándolo a sentir todo aquello que Jesús iba a padecer. En cada palabra de este salmo vemos reflejado el dolor, la angustia y la incertidumbre que Jesús sentiría mientras estuviera colgado de aquel madero. "*Dios mío, Dios mío, ¿por qué me has desamparado? ¿Por qué estás tan lejos de mi salvación, y de las palabras de mi clamor? Dios mío, clamo de día, y no respondes; y de noche, y no hay para mí reposo*"(Salmos 22:1-2).

Lo que Jesús estaba viviendo es lo que Claudia experimentó. Sus ojos espirituales se abrieron y comenzó a ver las oscuras nubes. La Palabra declara que hubo tinieblas desde el mediodía hasta las tres de la tarde. Todo se oscureció, y esas nubes eran las legiones de demonios que recaían sobre el cuerpo de Jesús. El Hijo de Dios había declarado ya acerca de esta hora negra, la noche que lo habían entregado: "*Esta es vuestra hora y la potestad de las tinieblas*"(Lucas 22:53b). Jesús podía ver cómo los demonios, con toda su furia, venían contra Él como fuertes toros de Basán (Salmos 22:12), como leones hambrientos que abrían su boca rugiendo con toda clase de palabras perniciosas, procurando que se debilitara en su fe.

Mi esposa pudo también sentir que todos sus huesos se descoyuntaban y que su corazón se deshacía en su interior. Aunque intentó pedir ayuda, sus fuerzas no le respondían; lo único que podía hacer era gemir en angustia. Durante un lapso de tres horas, atravesó aquella agonía. No estaba en su cuerpo, pues había sido transportada por el Espíritu de Dios y se hallaba en éxtasis. Al igual que Jesús, durante todo ese tiempo, sintió la ausencia de protección en aquella Cruz.

Los demonios, como perros, venían a destrozar su carne. Pero el momento más angustioso ella lo experimentó cuando sintió que el Señor, en su oración, dijo: "*Mas tú, Jehová, no te alejes; fortaleza mía, apresúrate a socorrerme. Libra de la espada mi alma, del poder del perro mi vida. Sálvame de la boca del león, y líbrame de los cuernos de los búfalos"*(Salmos 22:19-21). Jesús esperaba que el Padre viniera pronto en su ayuda y le diera una total liberación. Pero Claudia vio cuando el Padre se levantó y le dio la espalda, dejándolo prácticamente a la merced de esos feroces demonios. Eso fue lo que llevó a Jesús a dar un gran grito de angustia: "¡Dios mío, Dios mío, porque me has desamparado!".

Cualquiera podría preguntarse por qué el Padre no quiso ayudar a su propio Hijo. Debemos entender que Jesús había renunciado a todos sus privilegios para poder otorgar plena redención a la humanidad. En la Cruz, Jesús representaba a toda la raza humana que se había rebelado contra Dios; Él había asumido el pecado de todas las personas, no solo de esa época sino de todos los tiempos. Y si hay algo que Dios no puede ver es el pecado. Por tal motivo, el Padre no tuvo otra opción que alejarse de Jesús.

## NACER A LA REVELACIÓN DE LA CRUZ

Todos los creyentes debemos recibir la revelación de la Cruz, pues si participamos de la muerte de Cristo, también gozaremos de su resurrección. Y si sufrimos con Él, también reinaremos con Él.

Es nuestro deber, como hijos de Dios, ir a diario a la Cruz, para hallar revelación e inspiración divina. Pablo entendió esto y dijo: "A diario muero". Todos los días debemos crucificar nuestra débil y humana naturaleza, para que el poder de resurrección divina pueda fluir a través de nosotros.

A eso se refirió el profeta Zacarías cuando dijo: "*Y derramaré sobre la casa de David, y sobre los moradores de Jerusalén, espíritu de gracia y de oración; y mirarán a mí, a quien traspasaron, y llorarán como se llora por hijo unigénito, afligiéndose por él como quien se aflige por el primogénito*"(Zacarías 12:10).

Lo que más se asemeja a esta revelación es cuando los padres han perdido a su único hijo, circunstancia en la que es muy difícil encontrar consuelo. Es un dolor tan profundo que, por más que se quiera, no se puede dejar de llorar. Lo interesante fue que no solo Claudia pudo pasar por ello sino que esta experiencia estaba siendo vivida por todo el equipo de doce, que estaba reunido con ella. Ellas podían percibir la misma congoja que Claudia. Luego, una de ellas se le acercó y le dijo proféticamente: "Esto que has vivido no es ni una gota del sufrimiento que vivió Jesús". Después de esa noche, ninguna de aquellas mujeres volvió a ser la misma, dado que su nivel de fe creció de una manera extraordinaria.

## JESÚS TOMÓ EL LUGAR DE LA MALDICIÓN

Dios, a través del profeta Isaías, dio a conocer la condición espiritual de su pueblo: "*Oíd, cielos, y escucha tú, tierra; porque habla Jehová: Crié hijos, y los engrandecí, y ellos se rebelaron contra mí. El buey conoce a su dueño, y el asno el pesebre de su señor; Israel no entiende, mi pueblo no tiene conocimiento. ¡Oh gente pecadora, pueblo cargado de maldad, generación de malignos, hijos depravados! Dejaron a Jehová, provocaron a ira al Santo de Israel, se volvieron atrás. ¿Por qué querréis ser castigados aún? ¿Todavía os rebelaréis? Toda cabeza está enferma, y todo corazón doliente*" (Isaías 1:2-5).

Dios pone al cielo y a la tierra por testigos. Pero, testigos de qué? Del diagnóstico espiritual de su pueblo y también del precio de su liberación.

## ¿CÓMO NOS VE EL SEÑOR?

El Señor nos ve como rebeldes, sin entendimiento, sin conocimiento, pecadores, cargados de maldad. Como generación de malignos y depravados, que abandonó a Dios, provocando su ira y dándole la espalda.

Luego, la gran pregunta es: ¿Por qué queréis ser castigados aun?

A pesar de todos los pecados que como pueblo hemos cometido, Dios nos sigue viendo como a sus hijos; y nos recuerda que Él nos crió y nos engrandeció. Al igual que un padre compasivo, buscó la manera de salvarnos, y encontró que la única vía de redención era por medio de su Hijo Jesucristo. Dios tenía que tomar una decisión, o destruía a toda la humanidad nuevamente, o castigaba a la humanidad en la persona de su Hijo unigénito.

Sabemos que Jesús aceptó tomar nuestro lugar e ir al suplicio de la crucifixión. El Padre le dijo: "*Desde la planta del pie hasta la cabeza no hay en él cosa sana, sino herida, hinchazón y podrida llaga; no están curadas, ni vendadas, ni suavizadas con aceite*"(Isaías 1:6). Ese es el rostro de la maldición, por eso el Padre pregunta: "*¿Por qué queréis ser castigados aun? En otras palabras, nos dice: ¿No ha sido suficiente todo lo que tuve que hacer en la humanidad de mi único Hijo, que aun perseveran en sus propios pecados? Como se asombraron de ti muchos, de tal manera fue desfigurado de los hombres su parecer, y su hermosura más que la de los hijos de los hombres*" (Isaías 52:14).

*"Despreciado y desechado entre los hombres, varón de dolores, experimentado en quebranto; y como que escondimos de él el rostro, fue menospreciado, y no lo estimamos"*(Isaías 53:3). *"Mas él herido fue por nuestras rebeliones, molido por nuestros pecados; el castigo de nuestra paz fue sobre él, y por su llaga fuimos nosotros curados"*(Isaías 53:5).

Al recibir la revelación de la Cruz, veremos con claridad el rostro de la maldición. Como dijo el profeta Isaías, veremos lo que nunca nos fue contado, y entenderemos lo que jamás habíamos oído (Isaías 52:15).

Pero la revelación de la Cruz va un paso más allá, pues ella nos traslada hasta el mismo lugar que estuvo Jesús. Nos permite sentir que somos uno con Cristo en el momento de su mayor agonía y dolor.

Todos sabemos que la compasión viene al ser humano cuando éste ha tenido que atravesar por una experiencia difícil. A quien vivió en el pasado el abandono y conoció el amor del Padre Dios, le es más fácil ayudar a aquellos que están pasando por esa misma situación. De igual manera, aquel que batalló con alguna enfermedad y luego recibió la sanidad, se identifica con los que padecen dolencias físicas. Lo mismo sucederá en su vida si puede llegar a sentir lo que Jesús sintió en la

Cruz del Calvario, pues esto le permitirá ayudar a muchas personas, que de otra manera no lo lograría.

El apóstol Pablo fue uno de los hombres que más se esforzó por llevar el mensaje de salvación al mundo. ¿Por qué? Porque experimentó la revelación de la Cruz. Él dijo: "*Con Cristo estoy juntamente crucificado, y ya no vivo yo, mas vive Cristo en mí; y lo que ahora vivo en la carne, lo vivo en la fe del Hijo de Dios, el cual me amó y se entregó a sí mismo por mí*"(Gálatas 2:20).

Nadie podría expresar estas palabras que declaró el apóstol, a menos que lo hubiese vivido. Pablo supo del poder de Jesús viviendo en él, pero primero tuvo que experimentar la Cruz, al igual que su Maestro.

## LA CRUZ, MALDICIÓN CANCELADA

Si le preguntamos a un judío qué concepto tiene de la Cruz, responderá: "Es un lugar de maldición. Allí es donde mueren los delincuentes más abominables de la nación. Si la cruz es un símbolo de maldición, ¿por qué se ha constituido en un gran símbolo de bendición? Porque es el árbol donde Dios quitó toda maldición para poder darnos su bendición. Todo lo malo que nosotros éramos quedó en Jesús, y a través de la Cruz, todo lo bueno que era Jesús pasó a nosotros mediante nuestra fe en Él.

*"Yo he muerto para el mundo y el mundo ha muerto para mí" (Gálatas 6:14).*

*"Cristo nos redimió de la maldición de la ley, hecho por nosotros maldición; (porque está escrito: Maldito todo el que es colgado en un madero)" (Gálatas 3:13).*

## LA CORONA DE ESPINAS, LIBERACIÓN DE LA RUINA

Cuando Adán y Eva pecaron y fueron expulsados del paraíso, Dios les dijo: "*Maldita está la tierra por tu causa; con dolor comerás de ella todos los días de tu vida. Espinos y cardos te producirá...* "(Génesis 3:17b-18a). Los espinos y los abrojos representan ruina. Jesús aceptó llevar sobre sus sienes esa terrible opresión que tanto había flagelado a la humanidad.

## EL LÁTIGO, LA LLAGA QUE NOS DIO SANIDAD

La Biblia dice que al delincuente lo podían azotar cuarenta veces; por eso, los judíos, en un acto de misericordia, decidieron azotar a Jesús treinta y nueve veces.

El látigo de Roma poseía varios rejos, y cada uno de ellos tenía incrustaciones de metal y hueso cortante.

Cada latigazo que Jesús recibía en su espalda iba desollándole la piel, hasta que quedó en carne viva. "*Despreciado y desechado entre los hombres, varón de dolores, experimentado en quebranto; y como que escondimos de él el rostro, fue menospreciado, y no lo estimamos. Ciertamente llevó él nuestras enfermedades, y sufrió nuestros dolores; y nosotros le tuvimos por azotado, por herido de Dios y abatido*"(Isaías 53:3-4).

Los científicos han comprobado que existen treinta y nueve clases de enfermedades; cualquiera otra es una ramificación de alguna de éstas. No es casualidad que Jesús hubiese recibido treinta y nueve latigazos. Esto nos habla que toda enfermedad, toda dolencia, sin importar su ramificación, su tamaño o lo grave que sea, quedó cancelada en la espalda de Jesús.

*"Mas él herido fue por nuestras rebeliones, molido por nuestros pecados; el castigo de nuestra paz fue sobre él, y por su llaga fuimos nosotros curados" (Isaías 53:5).*

## LOS CLAVOS

Despojando a Jesús completamente de sus ropas, lo pusieron sobre el madero. Abriendo sus brazos, traspasaron sus manos con clavos filosos y cortantes. Uniendo sus pies, los atravesaron con un tercer clavo. Cada uno de estos clavos tiene un significado muy importante:

El primer clavo en una de sus manos - Libre de culpabilidad. Toda la culpabilidad que había sobre nuestra vida, la cual nos llevaba a la condenación eterna, fue cancelada en la Cruz del Calvario. No hay necesidad de sentirnos culpables; Jesús llevó esta terrible maldición en aquel clavo.

El segundo clavo - Argumentos cancelados. ¿Qué es un argumento? Es un derecho legal que usted le entrega al adversario. ¿Cómo se forman los argumentos? Vienen de maldiciones heredadas de la familia, de palabras pronunciadas por sus padres, que dejaron una huella negativa en usted. Pero cada uno de estos argumentos que Satanás tenía contra su vida, fueron cancelados. La sangre de Cristo anuló el acta de decretos que nos era contraria y hoy usted puede ser libre de cada uno de ellos. "Anulando el acta de los decretos que había contra nosotros, que nos era contraria, quitándola de en medio y clavándola en la cruz" (Colosenses 2:14).

El tercer clavo en los pies – Victoria sobre la opresión. Este clavo fue incrustado debajo del tobillo, en la parte del talón. Científicos descubrieron que a los crucificados les perforaban el área del talón con el clavo. Éste era de mayor extensión que los anteriores y atravesaba ambos pies. Cuando Jesús estaba allí colgado, para poder respirar dado que su pecho se hallaba extremadamente comprimido debió apoyarse sobre este clavo y empinarse para tomar aire. Al hacerlo, toda la presión y el peso recaían sobre un tendón, y el dolor que esto le provocaba cada vez que inhalaba era indescriptible. ¿Por qué Jesús eligió sufrir esto por nosotros? Para que ya no necesitemos vivir más en opresión, sino que disfrutemos de la victoria que Él obtuvo para nosotros a través de sus padecimientos.

## LA LANZA, SANIDAD INTERIOR

Después de que Jesús expiró, un soldado perforó con una lanza su costado derecho, del cual salió agua y sangre. Los expertos dicen que cuando el agua y la sangre se unen en el cuerpo es porque el corazón de la persona ha explotado. Tanta fue la angustia que Jesús sufrió en la Cruz del Calvario, que su corazón no pudo resistirlo. Tal vez usted dice: "Mi corazón está herido, mi alma hecha pedazos; las heridas son muy profundas". Jesús hoy le dice: "Hijo, hija, mi corazón explotó para que el tuyo sea sano, para que tus emociones sean restauradas. Vuélvete a Mí y yo me volveré a ti. Si regresas a Mí, a partir de hoy, tu vida será completamente diferente".

¿Qué es lo que debe hacer en este mismo momento? Debe entregarle todo a Jesús, llevándolo a la Cruz y llevando allí toda su vieja naturaleza. Si traspasa la Cruz, ahí quedará la antigua jovencita, o el antiguo joven. Todo quedará al pie del madero. Usted tendrá una nueva naturaleza, que es el carácter de Cristo dentro suyo. Al pasar por la Cruz, se encontrará con los brazos abiertos del amoroso Jesús glorificado.

## LO QUE LA SANGRE DE JESÚS HIZO POR NOSOTROS

El libro de Levítico enseña sobre las siete aspersiones de sangre que debía realizar el sacerdote. "*Tomará luego de la sangre del becerro, y la rociará con su dedo hacia el propiciatorio al lado oriental; hacia el propiciatorio esparcirá con su dedo siete veces de aquella sangre*" (Levítico 16:14). Esto fue una alegoría de las siete veces que Jesús derramaría su sangre.

Brotó sangre a través del sudor. En el Getsemaní, Jesús se angustió tanto que, en medio de su oración, comenzó a sudar, y su sudor se convirtió en grandes gotas de sangre que caían a la tierra (Lucas 22:42). Cuando Él se dio cuenta de todo lo que debía confrontar, oró fervorosamente para saber si había otra manera de redimir a la humanidad. Pero en esa misma hora entendió que ése era el único camino.

Brotó sangre cuando pusieron sobre sus sienes la corona de espinas. Éstas entraron fácilmente en sus sienes, y su cabeza empezó a hincharse hasta tomar casi el doble de su tamaño (Mateo 27:29-30).

Brotó sangre cuando golpearon su rostro. "*Con vara herirán en la mejilla al juez de Israel*"(Miqueas 5:1). "*De tal manera fue desfigurado de los hombres su parecer, y su hermosura más que la de los hijos de los hombres*"(Isaías 52:14). Posiblemente cuando le golpearon el rostro, la sangre brotó de su nariz.

Brotó sangre cuando le arrancaron la barba. "*Di mis mejillas a los que me mesaban la barba*"(Isaías 50:6).

Brotó sangre cuando azotaron su espalda. "*Entonces les soltó a Barrabás; y habiendo azotado a Jesús, le entregó para ser crucificado*"(Mateo 27:26).

Brotó sangre cuando le crucificaron. "*Cuando le hubieron crucificado, repartieron entre sí sus vestidos, echando suertes*"(Mateo 27:35). "*Horadaron mis manos y mis pies*"(Salmos 22:16).

Brotó sangre cuando traspasaron su costado derecho con la lanza. "*Pero uno de los soldados le abrió el costado con una lanza, y al instante salió sangre y agua*"(Juan 19:34).

La sangre que nuestro Señor vertió a través de sus manos, sus pies, su espalda, su costado y sus sienes, es la que nos limpia de todo pecado y de toda maldad "*Sin derramamiento de sangre no hay remisión*"(Hebreos 9:22b).

Una sola gota de sangre de Jesús tiene el poder de lavar el pecado más negro y vil que el hombre haya cometido. "*Sabiendo que fuisteis rescatados de vuestra vana manera de vivir, la cual recibisteis de vuestros padres, no con cosas corruptibles, como oro o plata, sino con la sangre preciosa de Cristo, como de un cordero sin mancha y sin contaminación, ya destinado desde antes de la fundación del mundo, pero manifestado en los postreros tiempos por amor de vosotros*"(1 Pedro 1:18-20).

Cuando aplicamos la sangre de Jesús, en un acto de fe y de manera permanente, la bendición perpetua de Dios estará con nosotros, porque sus efectos son eternos. "*Pero si andamos en luz, como él está en luz, tenemos comunión unos con otros, y la sangre de Jesucristo su Hijo nos limpia de todo pecado*"(1 Juan 1:7). Es importante que cada creyente aprenda a vivir en la limpieza que otorga la sangre de Cristo. Si usted anhela experimentar la victoria total sobre el enemigo, tiene que ser lavado completamente con la sangre del Cordero. La sangre constituye también el elemento esencial para el sello del nuevo pacto entre Dios y el hombre.

CAPÍTULO 2

# *Siete Palabras de Victoria*

Dios mismo estableció que la Cruz sería un lugar de maldición. En ella se colgaban a los más terribles delincuentes para que pagaran sus deudas. La Cruz se usaba como uno de los símbolos de escarnio más atroz; la utilizaban para atemorizar a la gente.

La historia relata que las personas que eran colgadas en la cruz pasaban extensas horas de agonía. Uno de los primeros dolores que experimentaban los crucificados en sus cuerpos era la fiebre producida por la infección, la cual traía temblores y fuertes sudores. Estando allí, padecían toda clase de dolores, lo cual producía una gran necesidad de ingerir alguna bebida, por la deshidratación que experimentaban sus cuerpos.

El Señor Jesús, colgado del madero, sufrió cada una de estas sensaciones, y aunque los que lo rodeaban quisieron darle de beber vinagre con hiel, para adormecer su dolor,

Jesús se rehusó, como diciendo: "No quiero nada que adormezca mi padecer, quiero llegar hasta el final de esta batalla en completa victoria, sin necesidad de sedantes".

La muerte de Jesús en la Cruz del calvario fue la mayor demostración de amor que alguien haya hecho por la humanidad. Si usted pudiera experimentar por un momento el día en que Jesús murió, su vida cambiaría completamente. Aunque eran las tres de la tarde, toda la tierra se llenó de densas tinieblas.

Ello sucedió a causa de la mayor manifestación de legiones demoníacas que, dirigidas por el mismo Satanás, conocido como el príncipe de las tinieblas, había rodeado la tierra con gran oscuridad. En esa hora, todas las maldiciones de la humanidad estaban recayendo sobre una sola persona, Jesús de Nazaret. En el momento en el que el Hijo de Dios moría, se estremecieron los cielos, hubo truenos, relámpagos y gran oscuridad. Alguien, refiriéndose a este día, dijo: "O es el fin del mundo, o el autor de la vida padece".

Generalmente, las últimas expresiones de una persona en su lecho de muerte poseen un poder indescriptible, puesto que ellas dan a conocer, en pocas palabras, el deseo de su corazón.

Las últimas palabras de Jesús en el madero sintetizan el gran sacrificio que le costó al Autor y Consumador de la vida, la redención de la raza humana.

## 1. UNA PALABRA DE PERDÓN

*"Y Jesús decía: Padre, perdónalos, porque no saben lo que hacen" (Lucas 23:34).*

Qué difícil es expresar perdón cuando todos están en nuestra contra. Cristo nos dio la más grande lección de amor cuando dijo: "Padre, perdónalos porque no saben lo que hacen". Se cree que todo el tiempo que Jesús estuvo crucificado, repitió continuamente estas palabras.

Creo que una de las cosas más difíciles para el ser humano es transmitir perdón. Personalmente, he podido comprender que el perdón es un acto de fe, ya que nuestros sentimientos se rehúsan a otorgarlo. No es lógico perdonar a aquel que nos ha traicionado, que abusó de nuestra confianza, que nos robó, hirió, insultó, difamó, etc. Creo que ninguna persona es merecedora del perdón, pero la gran enseñanza que el Señor nos da es que Él nos perdona de todas formas, no porque lo merezcamos sino porque Él es un Dios misericordioso que extiende su perdón sin límites.

Luego de salir de la clínica donde me recuperé del atentado, del cual fui víctima junto a mi familia, noté que mi vida de oración no era como antes, sentía toda clase de temores. Me esforzaba en gran manera por sentir la presencia de Dios, pero no lo lograba. Habían transcurrido ya como veinte días cuando percibí que estaba reaccionando de diferente manera a las adversidades de cómo solía hacerlo anteriormente. Aquel día en una oración sincera le dije al Señor: "Jesús, permíteme ser yo mismo". Al instante escuché la voz de Dios hablando a mi corazón: "Hijo, ¿has podido perdonar a los que quisieron quitarte la vida?". Tuve que reconocer en aquel momento que aún no lo había hecho. Luego agregó: "¿Puedes perdonarlos?". Le contesté: "Sí, Señor". Y en ese mismo instante, tomé la decisión de transmitirles perdón a aquellos que habían atentado contra nuestra vida. Oré diciendo: "Padre, perdono a aquellos que quisieron quitarme la vida, perdono a los autores intelectuales y materiales, y te pido Señor que los bendigas, y que esto sea motivo para que ellos te conozcan. Te lo pido Dios, en el Nombre de Jesús, amén".

Después de haber elevado esta oración, sentí que algo se quebró en el mundo espiritual. Inmediatamente, el poder de Dios vino sobre mi vida de una manera tan poderosa que sentía cómo los ríos de agua viva fluían dentro de todo mi ser. Luego, escuché nuevamente la voz del Señor diciéndome: "Hijo, todo el tiempo que permitiste el resentimiento en tu vida, estuviste fuera de ti; y por ese motivo sentías que no eras tú mismo. Pero al transmitir perdón, esa sensación desapareció totalmente.

Lo mismo sucede con mis hijos que han recibido alguna ofensa y rehusan otorgar el perdón. Todo el tiempo que el resentimiento ocupe un lugar en sus corazones, no podrán ser ellos mismos, aunque pasen diez, veinte o más años. Cuando perdonen, podrán recuperar su identidad. Jesús dijo: "*Porque si vosotros no perdonáis, tampoco vuestro Padre que está en los cielos os perdonará vuestras ofensas*"(Marcos 11:26). Debemos entender que el perdón es medicina para el alma, y debemos practicarlo diariamente.

## 2. UNA PALABRA DE MOTIVACIÓN A DISFRUTAR DE SU PRESENCIA

El ladrón que colgaba moribundo de una cruz al lado de Jesús, le suplicó: "Señor, acuérdate de mí cuando estés en tu reino". Y el Señor le respondió: "*De cierto te digo que hoy estarás conmigo en el paraíso*"(Lucas 23:43).

A través de esta declaración, podemos comprender que el Señor le dice a cada persona que se acerca a Él, rindiéndole todo su corazón para servirle: "Hijo, a partir de este día, estarás dentro de mí propósito". Estar dentro del propósito de Dios, es permanecer en el centro de su voluntad y entrar en el paraíso.

Una de las cosas que Jesús pidió al Padre respecto de sus discípulos fue: "*Cuando estaba con ellos en el mundo, yo los guardaba en tu nombre; a los que me diste, yo los guardé, y ninguno de ellos se perdió, sino el hijo de perdición, para que la Escritura se cumpliese*"(Juan 17:12). "*No ruego que los quites del mundo, sino que los guardes del mal*"(Juan 17:15).

El Señor le dijo a Moisés: "*Mi presencia irá contigo, y te daré descanso*"(Éxodo 33:14). Moisés sabía que para poder dirigir a un pueblo tan numeroso como el pueblo de Israel, se requería que la presencia de Dios estuviera de una manera permanente con ellos. Por tal motivo, le dijo al Señor: "No me moveré de este lugar, hasta obtener la plena certeza que tu presencia irá conmigo". Disfrutar de la presencia de Dios en nuestra vida es la razón que nos motiva a continuar. Aunque Moisés había tenido el valor de enfrentarse a Faraón, manteniéndose firme ante su ira, sin que ésta lo afectara, soportar las quejas de varios millones de personas inconformes era algo demasiado difícil para un solo hombre. De lo profundo de su corazón, Moisés clamó: "Dios, necesito que tu presencia vaya conmigo". Y la respuesta del Señor fue: "Mi presencia irá contigo y te daré descanso". El salmista David lo expresó así: "*En tu presencia hay plenitud de gozo; delicias a tu diestra para siempre*"(Salmos 16:11).

## 3. UNA PALABRA DE RESTAURACIÓN FAMILIAR

*'Estaban junto a la cruz de Jesús su madre, y la hermana de su madre, María mujer de Cleofas, y María Magdalena. Cuando vio Jesús a su madre, y al discípulo a quien él amaba, que estaba presente, dijo a su madre: Mujer he ahí tu hijo. Después dijo al discípulo: He ahí tu madre. Y desde aquella hora el discípulo la recibió en casa" (Juan 19:25-27).*

*"Aquello que fue, ya es; y lo que ha de ser, fue ya; y Dios restaura lo que pasó" (Eclesiastés 3:15).*

El profeta Malaquías profetizó que para el tiempo del fin se desataría la unción de Elías, y Dios haría volver los corazones de los hijos a los padres, y el corazón de los padres a los hijos. Esto será una protección para que la tierra no sea herida con maldición.

Aunque el adversario, por diferentes medios, está intentando desintegrar la familia, el Señor ha levantado a G12 con una unción sin precedentes para la restauración familiar. De una manera indescriptible, vemos cómo los

Encuentros son usados por Dios para traer liberación, sanidad y restauración a los hogares. Semana a semana, son miles los testimonios que escuchamos de las Iglesias en diferentes partes del mundo, las cuales se han comprometido a implementar la visión. Ellos ven que los miembros de su comunidad experimentan una genuina transformación, un sincero arrepentimiento, una completa liberación, un verdadero milagro. Tantas vidas han sido totalmente restauradas y solo en tres días, que es lo que dura el Encuentro. Sabemos que en cada uno de ellos, la unción de restauración que tuvo Elías también es experimentada por los guías. Ellos son testigos oculares de cómo llegan las personas el primer día, y privilegiados en verlas partir al tercer día en total victoria.

Al regresar de un Encuentro de varones, tuvimos la oportunidad de escuchar algunos testimonios. Uno de los hombres que había asistido se levantó y dirigió su mirada hacia su hijo adolescente. En voz alta le dijo: "Hijo, siempre hemos escuchado de la parábola del hijo pródigo, pero hoy quiero pedirte perdón porque yo soy el padre pródigo. No te he dado ni el afecto, ni el amor, ni el cuidado que tú mereces". El hijo, con lágrimas en los ojos, se dirigió hacia su padre, los dos se unieron en un abrazo y llorando juntos. Esto ocurre porque Dios está desatando ese espíritu de reconciliación entre padres e hijos. Como alguien dijo: "Antes, los padres oraban por la salvación de sus hijos; hoy en día, son los hijos los que tienen que orar por la salvación de sus padres".

## 4. UNA PALABRA DE ACEPTACIÓN

*"Cerca de la hora novena, Jesús clamó a gran voz, diciendo: Elí, Elí, ¿lama sabactani? Esto es: Dios mío, Dios mío, ¿por qué me has desamparado?" (Mateo 27:46).*

*"Completad mi gozo, sintiendo lo mismo, teniendo el mismo amor, unánimes, sintiendo una misma cosa" (Filipenses 2:2).*

Aquí, Jesús usó el lenguaje que empleaba de niño, el arameo, razón por la cual no le entendieron las demás personas. Al elevar su oración en arameo quiso rememorar su niñez y conmover el corazón del Padre. Jesús regresó a su infancia, enseñándonos lo importante que es retrotraernos a la niñez para sanar aquellas heridas producidas en esa etapa de nuestra vida. Son muchas las personas que están luchando hoy con los espectros del pasado. Aunque han transcurrido los años, tienen viva la herida causada en su niñez. El abandono que recibió Jesús supera a cualquiera que podamos sufrir nosotros. Él padeció el abandono de sus discípulos, del pueblo, y de la sociedad. Pero la herida más profunda le fue causada cuando experimentó el abandono del Padre Dios, debido a nuestros pecados.

*"Esforzaos y cobrad ánimo; no temáis, ni tengáis miedo de ellos, porque Jehová, tu Dios, es el que va contigo" (Deuteronomio 31:6).*

Janeth, una joven de unos doce años de edad, a quien atendí en una consejería privada, me dijo: "Tengo que hacerle una pregunta. ¿Por qué mis padres me abandonaron?".

Luego pasa a relatarme su triste historia: "Cuando tenía un mes de haber nacido, mi mamá me dejó en una canasta frente a la puerta de una casa. La señora de aquel lugar me recogió y me crió como a su propia hija. Pero quiero decirle que durante toda mi vida, donde quiera que llego, los hombres quieren abusar de mí sexualmente. Aunque tengo sólo doce años, ya más de siete hombres se han aprovechado de mí". Siempre, el gran interrogante de esta niña había sido: "¿Por qué mis padres me abandonaron?". Aunque la situación que esta joven estaba viviendo era extremadamente difícil, pude demostrarle por medio de las Escrituras que Dios era su verdadero padre, y que Él no tenía culpa de los pecados que sus progenitores habían cometido contra ella.

Al leerle el Salmo 27:10, "Aunque mi padre y mi madre me dejaran, con todo Jehová me recogerá", aquella joven me miró y preguntó: "¿Y eso de verdad está en la Biblia?". Le dije: "Por supuesto". Y ella me respondió:

"¿Me permite que yo misma lo lea?". Le alcancé mi Biblia y comenzó a leer este texto una y otra vez. A medida que lo hacía, lágrimas brotaban de sus ojos, fue como si un velo se hubiese caído de sus ojos. Sé que esta era la respuesta que ella tanto estaba anhelando.

Por primera vez en la vida pudo encontrar su identidad en Cristo. Descubrió que Dios no estaba lejos, pues lo podía sentir tan cerca de su vida como nunca hubiera imaginado. Luego, secándose las lágrimas me dijo: "¿Le puedo pedir algo?". "Claro, ¿qué es?". "¿Le puedo dar un abrazo?". Le dije: "Será para mí un honor". Mientras ella me abrazaba, dijo: "Gracias por enseñarme a conocer a mi verdadero Padre, que es Dios". Cuando la joven se despidió, tenía una sonrisa muy especial que expresaba: desde hoy en adelante, no estaré más sola.

Jesús dijo: "*Venid a mí todos los que estáis trabajados y cargados, y yo os haré descansar*" (Mateo 11:28). Hoy podemos arrojarnos en los brazos eternos de Dios, y podemos hacer de Él nuestro Padre, nuestro compañero, nuestro todo; porque Jesús sufrió el abandono para que nosotros seamos salvos.

## 5. UNA PALABRA DE AMOR

*"Después de esto, sabiendo Jesús que ya todo estaba consumado, dijo, para que la Escritura se cumpliese: Tengo sed" (Juan 19:28).*

Luego de que Jesús pronunciara estas palabras, inmediatamente le alcanzaron una esponja mojada en vinagre para que bebiera. Mas Cristo la rechazó porque su sed no sólo era una sed física, su verdadera sed era la salvación de los perdidos.

Jesús conocía el corazón del hombre, no tenía necesidad que nadie le dijera lo había en él. Cristo podía ver la desolación familiar, la frustración de las personas, sus debilidades y lo importante que era para ellas recibir orientación. Él era consciente de que en muy poco tiempo partiría de este mundo, por lo que se preguntaba quién tomaría su lugar para ayudar a la gente.

La única manera de calmar esa sed era levantando un ejército de personas comprometida con la misma visión que Él tenía, salvar las almas y hacer discípulos. La voluntad de Dios es que ninguno se pierda, sino que todos procedan al arrepentimiento. El mismo Señor, en la Cruz, empezó a experimentar la sed por los perdidos, para que el mundo comprendiera que en la Cruz estaba la única fuente de salvación. Cuando dijo: "Tengo sed", era como decirle a sus discípulos: "Por favor, ayúdenme a mitigar mi sed llevando el evangelio a todos los rincones de la tierra, para que todo aquel que en Mí crea no se pierda, mas tenga vida eterna".

## 6. UNA PALABRA DE TRIUNFO

*"Cuando Jesús hubo tomado el vinagre, dijo: Consumado es..." (Juan 19:30).*

La palabra "consumado" quiere decir "culminé la obra" o "cumplí la misión para la cual vine a este mundo".

La vida de Jesús tuvo un propósito. ¿Sabe por qué está usted en este mundo? ¿Sabe qué propósito tiene en esta vida? La vida del Señor Jesús tuvo la meta de redimir a toda la humanidad. Cristo sabía que lo lograría a través de su muerte en la Cruz del Calvario. ¿Quién, cuando nace, se prepara para morir? Jesús es el único que nació con ese fin.

*"Mas a Dios gracias, el cual nos lleva siempre en triunfo en Cristo Jesús" (2 Corintios 2:14).*

Para llegar a su meta, Jesús tuvo que atravesar varios obstáculos. Se enfrentó a la tentación como humano, no como Dios; inclusive Satanás quiso provocarle a usar sus poderes divinos, mas Jesús nunca lo permitió y respondió al tentador: "*Escrito está: No sólo de pan vivirá el hombre, sino de toda palabra que sale de la boca de Dios*"(Mateo 4:4). Cristo venció la tentación como humano, soportó la necesidad, conoció la escasez, vivió en una situación precaria, se enfrentó a la enfermedad, al dolor, a la maldición y a la misma muerte. Él pudo decir: "Vencí la enfermedad". Y gracias a ello, ninguna enfermedad puede enseñorearse de nosotros. Jesús dijo: "Vencí la ruina". ¿Cuántos creyentes no han entrado por el camino de la prosperidad porque no mirar la victoria en la Cruz del Calvario? Jesús venció la maldición. ¿Cuántos hoy en día se sienten oprimidos por el enemigo porque no quieren comprender que Jesús trajo victoria sobre la maldición? Escrito está en el Salmo 91:10, "No te sobrevendrá mal, ni plaga tocará tu morada".

Esas palabras son para cada uno de nosotros, porque Jesús venció toda maldición en la Cruz del Calvario. Hoy es el día en el que usted debe confesar que todas las maldiciones son rotas por la Palabra de Dios.

# 7. UNA PALABRA DE ESPERANZA

*"Entonces Jesús, clamando a gran voz, dijo: Padre, en tus manos encomiendo mi espíritu. Y habiendo dicho esto, expiró"(Lucas 23:46).*

Jesús se aseguró de que al cruzar la barrera hacia la otra vida, tuviera toda la protección divina. Podemos preguntarnos a dónde se dirigen los muertos. Si Jesús necesitó encomendar su Espíritu al Padre en el momento de su muerte, cuánto más nosotros tenemos que estar preparados para la hora de morir. ¿A cuántos la muerte los ha tomado por sorpresa? El patriarca Job se preguntó: "*Si el hombre muriere, ¿volverá a vivir?*"(Job 14:14).

Luego, él mismo añadió: "*Yo sé que mi Redentor vive, y al fin se levantará sobre el polvo; y después de deshecha esta mi piel, en mi carne he de ver a Dios; al cual veré por mí mismo, y mis ojos lo verán y no otro, aunque mi corazón desfallece dentro de mí*"(Job 19:25-27).

Sabemos que algún día debemos abandonar este cuerpo, pero cuando esto suceda, nuestra vida debe estar lista para entrar a la gloria celestial, entendiendo que Dios nos guiará hasta su misma presencia cuando tengamos que partir de este mundo.

CAPÍTULO 3

# La Importancia de tener un Encuentro

El Encuentro es un retiro de tres días, durante los cuales Dios estará impartiéndole vida a cada uno de quienes participen. Allí recibirán dirección y comprenderán que el verdadero propósito de Dios para ellos se inicia con la revelación de la Cruz.

Cada uno de los participantes debe asistir con un corazón plenamente abierto, y con la pureza y sencillez de un niño para poder recibir todo lo que Dios anhela ministrarle. Es fundamental que durante el tiempo del Encuentro se hagan a un lado toda clase de argumentos, conceptos erróneos acerca de Dios y prejuicios que puedan ser impedimento para recibir todo lo que Dios quiere brindar.

He visto vidas que han sido transformadas totalmente durante estos tres días, cambios tan radicales que, por lo general, no se ven en años enteros.

## DIOS LE PIDIÓ AL PUEBLO DE ISRAEL QUE FUERA A UN ENCUENTRO

Usted recordará cuando el pueblo de Israel estaba oprimido en Egipto y Dios tuvo que levantar un libertador. Ese libertador se llamó Moisés, y Moisés debió enfrentarse ante el rey de Egipto. En nombre de Dios fue a hacerle una petición. "*Y ellos dijeron: El Dios de los hebreos nos ha encontrado; iremos, pues, ahora, camino de tres días por el desierto, y ofreceremos sacrificios a Jehová nuestro Dios, para que no venga sobre nosotros con peste o con espada*"(Éxodo 5:3).

Como podemos ver, la petición de Moisés reflejaba el anhelo de Dios de reunirse con su pueblo durante tres días. Faraón no aceptó la propuesta, por el contrario, endureció su corazón y los trató de ociosos, recargándolos aún de más trabajo para que, de este modo, no tuvieran tiempo de pensar en Dios. Pero Dios comenzó a afligir al pueblo de Egipto con diferentes plagas.

Faraón mandó llamar a Moisés y le dijo: "*Yo os dejaré ir para que ofrezcáis sacrificios a Jehová vuestro Dios en el desierto, con tal que no vayáis más lejos; orad por mí*" (Éxodo 8:28). Luego, Faraón les preguntó:" *¿Quiénes son los que han de ir? Moisés respondió: Hemos de ir con nuestros niños y con nuestros viejos, con nuestros hijos* *y con nuestras hijas; con nuestras ovejas y con nuestras vacas hemos de ir; porque es nuestra fiesta solemne para Jehová"*(Éxodo 10:8b-9). Pero la respuesta de Faraón fue contundente: "*¡Así sea Jehová con vosotros! ¿Cómo os voy a dejar ir a vosotros y a vuestros niños? ¡Mirad cómo el mal está delante de vuestro rostro! No será así; id ahora vosotros los varones, y servid a Jehová, pues esto es lo que vosotros pedisteis. Y los echaron de la presencia de Faraón*" (Éxodo 10:11-12).

Pablo dijo sabiamente que todo lo que sucedió en la antigüedad es un ejemplo, una enseñanza para nuestros días. Podemos ver que la propuesta de Moisés a Faraón fue que éste dejara ir a los niños, a los jóvenes, a los hombres y a las mujeres; llevando también consigo todos sus bienes, a un encuentro de tres días con Dios. Esto mismo es lo que pide el Señor a cada uno de sus hijos, pues en esos tres días Dios puede operar una transformación total en cada una de las vidas. Jesús dijo: "*Destruid este templo, y en tres días lo levantaré*" (Juan 2:19). Los tres días son el tiempo requerido por Dios para efectuar el cambio en una vida.

Estar en un retiro de tres días representa muchas batallas que librar a nivel personal, laboral, familiar, superando aun conflictos internos. Es una lucha que se desata en el mundo espiritual. Detrás de ella hay una fuerza espiritual demoníaca, maligna, perversa, faraónica, que es la misma fuerza de Satanás diciendo: "No quiero que ustedes vayan a servir a Dios por tres días, no lo quiero, haré todo por impedirlo". Y es allí cuando viene una opresión tremenda. Algunos, antes del Encuentro, sufren depresión, se llenan de ira, discuten, pelean, se comportan de manera extraña y no saben por qué. Esta fue la razón por la cual Faraón se opuso firmemente y no aceptó los motivos de Moisés; él presentía que si los dejaba ir, perdería el control total sobre el pueblo; por tal motivo insistía en que parte de ellos, o de sus bienes, quedaran en Egipto. Pero esto que pedía Faraón era algo imposible de conceder, porque Dios, cuando pide entrega, pide que sea total.

El Encuentro debe tener una duración de tres días, lo cual le permite a Dios realizar una obra profunda en cada vida. Lo que el Señor desea es que nos tomemos un tiempo de quietud, en el que nos aislemos por un corto tiempo de nuestras actividades y evitemos cualquier distracción, para poder oír claramente su voz. ¿Por qué Dios pide tres días? Porque es el tiempo requerido por el Espíritu Santo para poder llevar a cabo la obra de transformar corazones por completo.

El salmista dijo: "*Encomienda a Jehová tu camino; y confía en él; y él hará*" (Salmos 37:5). En el Encuentro, lograremos encomendar, entregar y rendir la totalidad de nuestra vida a la dirección de Dios.

## PABLO TUVO QUE IR A UN ENCUENTRO

Uno de los más grandes hombres que ha tenido el cristianismo es el apóstol Pablo, conocido como Saulo de Tarso. Por causa de su celo religioso, llegó a ver el desarrollo del cristianismo como una amenaza para el judaísmo; y creyó que el camino correcto para proteger su religión era exterminar a cada cristiano, motivo por el que eran objeto de su constante persecución. Gracias al respaldo que las autoridades políticas y religiosas de su nación le habían otorgado, se convirtió en el verdugo de aquellos que creían en Jesús. A algunos los encadenaba, a otros los torturaba y a otros los obligaba a blasfemar contra el Nombre del Hijo de Dios. Pablo odiaba de tal manera a los cristianos que deseaba su muerte. Es interesante leer la manera cómo el doctor Lucas define la actitud de odio que vivía Saulo: "*Y Saulo asolaba la iglesia, y entrando casa por casa, arrastraba a hombres y a mujeres, y los entregaba en la cárcel*"(Hechos 8:3). "*Saulo, respirando aún amenazas y muerte contra los discípulos del Señor...*" (Hechos 9:1a). ¿Cada cuánto respira una persona? Segundo tras segundo. De este mismo modo, cada segundo de su existencia, Saulo lo dedicaba a su causa, la destrucción del cristianismo.

Mas cierta vez, cuando se dirigía a Damasco para

apresar a los creyentes que moraban allí, tuvo una experiencia que transformó completamente su vida, llevándolo a defender la doctrina que antes condenaba. ¿Qué fue lo que lo hizo cambiar de parecer? La respuesta es muy sencilla, él tuvo la revelación de la Cruz. A todo aquel que tenga un encuentro personal con Dios, la Cruz de Cristo le será revelada; y recibir esta revelación será lo único que podrá transformar su corazón.

Antes de su encuentro con Jesús, para Pablo era de suma importancia su posición social, sus títulos, su religión y su linaje. Luego de su experiencia con la Cruz, reconoció que el único y verdadero fundamento era Cristo. El apóstol expresó: "*Pero lejos esté de mí gloriarme, sino en la cruz de nuestro Señor Jesucristo, por quien el mundo me es crucificado a mí, y yo al mundo*" (Gálatas 6:14).

¿Qué hizo que Pablo soltara aquello que la mayoría de las personas anhela obtener? La respuesta sigue siendo la misma: La revelación de la Cruz. Muchos son los que hablan acerca de la Cruz, sin haberles sido revelada por el Espíritu Santo. Pablo también dijo: "*Pero cuantas cosas eran para mí ganancia, las he estimado como pérdida por amor de Cristo. Y ciertamente, aun estimo todas las cosas como pérdida por la excelencia del conocimiento de Cristo Jesús, mi Señor, por amor del cual lo he perdido todo, y lo tengo por basura, para ganar a Cristo, y ser hallado en él, no teniendo mi propia justicia, que es por la ley, sino la que es por la fe de Cristo, la justicia que es de Dios por la fe; a fin de conocerle, y el poder de su resurrección, y la participación de sus padecimientos, llegando a ser semejante a él en su muerte, si en alguna manera llegase a la resurrección de entre los muertos"* (Filipenses 3:7-11).

Pablo quedó deslumbrado al comprender que es imposible alcanzar la justificación por medios humanos; y que la única manera de ser completamente libre es a través de la revelación de la Cruz. El anhelo de Pablo era llegar a sentir lo mismo que sintió Jesús mientras estaba colgado en el madero, deseaba ser partícipe de su mismo sufrimiento y agonía que padeció Jesús durante su crucifixión. Él comprendió que si vivía esta experiencia, podría conquistar la próxima, esto es, el poder de la resurrección dentro de su vida. Dios respondió al deseo del corazón del apóstol, y le permitió vivir la revelación de la Cruz.

Esto lo llevó a decir: "*Con Cristo estoy juntamente crucificado, y ya no vivo yo, mas vive Cristo en mí; y lo que ahora vivo en la carne, lo vivo en la fe del Hijo de Dios, el cual me amó y se entregó a sí mismo por mí"*

(Gálatas 2:20).

## VERDADES QUE SE EXPERIMENTAN EN UN ENCUENTRO

Pablo, en su defensa ante el rey Agripa, dijo: "*Cuando a mediodía, oh rey, yendo por el camino, vi una luz del cielo que sobrepasaba el resplandor del sol, la cual me rodeó a mí y a los que iban conmigo. Y habiendo caído todos nosotros en tierra, oí una voz que me hablaba, y decía en lengua hebrea: Saulo, Saulo, ¿por qué me persigues? Dura cosa te es dar coses contra el aguijón. Yo entonces dije: ¿Quién eres, Señor? Y el Señor dijo: Yo soy Jesús, a quien tú persigues. Pero levántate, y ponte sobre tus pies; porque para esto he aparecido a ti, para ponerte por ministro y testigo de las cosas que has visto, y de aquellas en que me apareceré a ti, librándote de tu pueblo, y de los gentiles, a quienes ahora te envío, para que abras sus ojos, para que se conviertan de las tinieblas a la luz, y de la potestad de Satanás a Dios; para que reciban, por la fe que es en mí, perdón de pecados y herencia entre los santificados*" (Hechos 26:13-18).

Pablo contempló la luz, la cual era manifestación de la gloria del Señor (pues sabemos que nadie puede permanecer en Su presencia). Dios le mostró que todo lo que él estaba haciendo contra el cristianismo era un maltrato a su persona. Ese mismo día Dios lo llamó al ministerio y le dio las instrucciones de cómo éste debería desarrollarse:

1. **Con visión**. Esto es llevar a la gente a tener una visión clara, para lo cual debemos procurar que sus ojos espirituales sean abiertos, pues sabemos que sin visión el pueblo perece. Las personas que se convierten al cristianismo, primeramente deben recibir la revelación de la crucifixión de Jesús. Cualquiera que pueda ver la Cruz, en su genuina revelación, podrá entender el por qué de su llamado.

2. **Con una genuina conversión de las tinieblas a la luz**. La conversión tiene que ser completa. Dios desechó al pueblo de Israel porque su conversión fue de labios y no de corazón. Juan el Bautista le dijo a los que acudían a él para ser bautizados: "*Haced, pues, frutos dignos de arrepentimiento...*" (Mateo 3:8). La conversión está muy ligada a nuestro cambio de vida, que implica esforzarnos en hacer aquellas cosas que agradan a Dios.

3. **Con entendimiento**. Es importante entender que las vidas pasan del dominio de Satanás al señorío de Jesús. En el pasado, Satanás aprovechó la debilidad humana para esclavizar al hombre, mas en Jesús, cada creyente fue rescatado del control que el adversario ejercía sobre su vida. El éxito de la vida

cristiana depende de la manera en que cultivemos nuestra relación con Cristo pues, convertirnos a Jesús es vivir completamente enamorados de Él.

4. **Con fe**. Solo a través de la fe en Jesús, la gente puede recibir el perdón de pecados. Una de las estrategias del adversario es esclavizar a las personas con culpabilidad, haciéndoles creer que sus pecados aun no han sido perdonados y, de esta manera, él mantiene el control sobre esas vidas. Sabemos que nuestros pecados merecían un castigo, pero Jesús en su cuerpo cargó con todos ellos, recibiendo el castigo que nosotros debíamos pagar.

5. **Con aceptación de los privilegios**. Dios nos otorga herencia y privilegios entre los santificados. Pablo dijo: "*El que no escatimó ni a su propio Hijo, sino que lo entregó por todos nosotros, ¿cómo no nos dará también con él todas las cosas?*"(Romanos 8:32). Si Dios entregó lo que más amaba, su propio Hijo, para que nosotros fuésemos salvos por el simple hecho de creer en Él, ¿no nos proveerá de todo lo que necesitamos? Puedo asegurarle que Dios tiene mucho más para darnos de lo que nosotros tenemos para pedirle. Podemos disfrutar de su herencia en este mundo y en el venidero: la vida eterna.

CAPÍTULO 4

# ¡Gracias Dios por tu perdón!

Uno de los objetivos trascendentales del Encuentro es que cada persona que asista tenga una confrontación cara a cara con su pasado y con su pecado, para llegar, de este modo, a un genuino arrepentimiento. Por lo general, muchas personas, cuando aceptan a Jesús, ignoran lo que es el tener un genuino arrepentimiento, y hacen una confesión muy superficial de su vida de pecado. Es deber de los líderes del Encuentro guiar a las personas, a través de la predicación de la Palabra, a que cada uno de los participantes pueda ver el pecado como Dios lo ve, pues ésta será la única manera en que pueda producirse un real cambio de actitud hacia el mismo.

Pensemos por un momento en cómo se sentiría el Señor al darse cuenta que el hombre, en quien había depositado toda su confianza, le falló, desobedeciendo.

El profeta Samuel escribió acerca del dulce cantor de Israel y dijo: "Un hombre conforme al corazón de Dios". De acuerdo a esta declaración, David debió haber sido un hombre fiel al Señor, obediente en todo lo que Él le ordenara. Pero no fue así; David falló cayendo en pecado.

Para Dios no existen hijos preferidos. Los hijos conforme a su corazón son aquellos que obedecen su Palabra, pero aquel que se aparta de su senda, el Señor no le encubre su pecado; por el contrario, lo anima y motiva para que salga del error. David es uno de los ejemplos más claros al respecto. Él comenzó a forjar su vida espiritual a temprana edad. Siendo pastor de un pequeño rebaño de ovejas, empezó a adorar a Dios e, incluso, aprendió a danzar para Él. Cuando una fiera trataba de arrebatarle una oveja del rebaño, David la enfrentaba; y si quería hacerle daño, la mataba, fuese león o fuese oso. Él comenzó a formarse y forjarse peleando contra fieras, contra animales violentos que venían a atacarlo, pero siempre contaba con la ayuda y protección de Dios.

David se mantuvo fiel a Dios y, con el paso de los años, el Señor lo honró dándole el reino de Israel cuando Saúl se salió del propósito divino. David experimentó cómo la mano de Dios estaba de su lado, guiándolo a establecer el reino y consolidándolo en todas las esferas. Pero este joven rey tuvo un descuido espiritual, confiándose en gran manera de su ejército. Aunque era el tiempo en que los reyes debían ir a la guerra, él no lo hizo, sino que se quedó en su palacio. Estando allí, la tentación vino sobre él, y le tomó por sorpresa al ver por la ventana a una hermosa mujer despojándose de sus vestiduras, la cual iba a bañarse al río.

David permitió la codicia en su corazón, y sin importarle que estuviera casada con uno de los líderes de su ejército, intimó con ella y luego la despidió a su casa (2 Samuel 11).

Nunca imaginó las terribles consecuencias de aquel momento de placer. Muchas personas piensan que pueden pecar y seguir viviendo como si nada hubiese sucedido, pero la Biblia enseña claramente que "la paga del pecado es muerte". Y dice también que "un abismo conduce a otro abismo", es decir, que un pecado lleva a otro. En el caso de David, el proceso se dio de esta manera:

1. El pecado de adulterio lo llevó al pecado de la hipocresía. Trató de aparentar ante Urías, esposo de esta mujer, como si fuera un gran amigo al que tenía gran aprecio.

2. El pecado de la hipocresía lo llevó al pecado de homicidio. Mandó matar a Urías con la espada de los hijos de Amón.

Frente a todo el pueblo, las cosas seguían aparentemente normales, pero Dios no se agradaba en absoluto de la actitud de David. San Pablo dijo: "*Todo lo que el hombre sembrare, eso también segará*"(Gálatas 6:7). El hombre, al pecar, deja las puertas de su vida abiertas al enemigo, lo que permite que éste entre. La Biblia dice: "*Sabed que vuestro pecado os alcanzará*"(Números 32:23b).

Pero Dios siempre extiende su infinita gracia para que regresemos al buen camino. En el caso de David, envió a un profeta para exhortarle. Fue una exhortación que, aunque fuerte, iba acompañada del amor y la misericordia de un Padre hacia un hijo, al cual ama.

Natán le recuerda a David de dónde lo había tomado y escogido el Señor, cuán grande había sido su misericordia y cómo lo había ungido rey de Israel en reemplazo de Saúl, dándole su casa y hasta una hija de éste. Trajo a memoria cómo Dios le entregó todo lo que el rey tenía en sus manos. Pero también le habló de las consecuencias de su pecado.

## CONSECUENCIAS DEL PECADO

### *1. Afecta el área financiera*

*"Y si esto fuera poco, te habría añadido mucho más"* *(2 Samuel 12:8b).*

Un hombre de unos cuarenta y ocho años de edad se acercó a hablar conmigo y, bastante quebrantado, me dijo: "Por favor, pastor, ayúdeme, estoy deshecho, destruido, no sé qué rumbo tomar". Luego, procedió a contarme su historia: "Tengo un hogar muy hermoso. Dios me bendijo con una preciosa mujer y con unos hijos especiales, pero, por medio de la empresa en la cual trabajo, conocí a otra mujer, y desde el primer momento que la vi vivo obsesionado con ella. He estado sosteniendo una doble relación desde hace varios años y por causa de esto descuidé a mis hijos, mi hogar, mis finanzas. La empresa ha quebrado, y me encuentro en bancarrota. Me he refugiado en el licor, y mi obsesión me ha llevado a permanecer cerca del lugar donde vive esta mujer, para tener la satisfacción de poder verla cuando quiera. ¡Ayúdeme, no sé qué hacer!".

Después de orientarlo y ayudarle en el proceso de restauración, a través del cual debía comprender la magnitud de su pecado y aprender a romper estas maldiciones en su vida, pude observar un cambio verdadero él. Seis meses más tarde ya era una persona completamente libre. Comenzó una nueva empresa, sobre la cual Dios ha derramado su gracia y abundancia permitiéndole bendecir con empleo a otras personas. La crisis familiar ha sido superada, así como los problemas financieros que le tuvieron al borde de la destrucción.

Cuando el hombre se encuentra en una edad productiva, aparecen mujeres con espíritu de seducción para atraparlos. Muchos han caído en la trampa, en este tremendo engaño que los llevó a ver cómo se esfumaba todo lo que habían logrado construir durante años de esfuerzo y trabajo, quedando sólo el recuerdo de un pasado exitoso. La infidelidad conyugal es uno de los más grandes enemigos de la sociedad actual, la cual ha logrado que miles y miles de parejas lleguen a los tribunales presentando demandas de divorcio, rompiendo el pacto con la persona que habían prometido amar toda la vida. Niños desprotegidos y empresas completamente quebradas son algunas de las consecuencias de esta situación de pecado.

El Señor no le pudo entregar a David todas las riquezas que tenía preparadas para él pues el mismo rey, a causa de su pecado, impidió que éstas alcanzaran su vida. Debemos entender que el pecado detiene la bendición económica.

### 2. *Abre la puerta a un espíritu de violencia*

*"Por lo cual ahora no se apartará jamás de tu casa la espada..."(2 Samuel 12:10a).*

Sabemos que lo que el hombre siembra, eso también cosechará. David mandó a matar a Urías heteo; él fue el autor intelectual de la muerte de este hombre. Generalmente, cuando las personas incurren en el pecado de infidelidad y se encuentran con la noticia de un embarazo, su primera reacción es pretender tapar su falta con la práctica del aborto, es decir, piensan en matar al hijo de sus entrañas; y esto es homicidio.

Por eso David tuvo que hacer esta oración más adelante: "*Líbrame de homicidios, oh Dios, Dios de mi salvación...*"(Salmos 51:14a).

El aborto es una práctica abominable, a través de la cual se le quita a un hijo el derecho a venir a este mundo. David fue testigo de la violencia levantada en su misma casa. Su propio hijo Absalón mató a su medio hermano Amnón después de que éste hubo abusado sexualmente de su hermana Tamar. Años después, Absalón también se sublevó contra David y quiso derrocarlo para convertirse en rey de Israel. Varias personas de la misma familia de David murieron, protagonizando un tiempo de violencia dentro de su propia casa.

### 3. *Acarrea vergüenza pública*

*"Y las daré a tu prójimo, el cual yacerá con tus mujeres a la vista del sol" (2 Samuel 12:11b).*

David sólo había pecado con una mujer, pero era como si la consecuencia de su pecado se hubiese multiplicado por diez. Su propio hijo Absalón cuando se sublevó en su contra, al llegar al palacio real, mantuvo relaciones con diez de las concubinas de su padre, en la misma terraza donde éste pecó con Betsabé. Fue un acto lamentable y vergonzoso, del que todo el pueblo de Israel tomó conocimiento. La Biblia dice que todo lo que los hombres hacen en secreto será manifestado en público; lo que se dice en lo oculto, será escuchado a plena luz del día. David quiso encubrir su pecado, pero Dios lo desenmascaró en público.

Ningún padre puede aceptar que su hijo cometa pecados de tal índole. Por eso David, un hombre íntegro y recto, se sintió desecho al ver que su propia sangre había abusado de las mujeres que le pertenecían. Aunque la situación doblegó el corazón del rey, tuvo que comprender que eran las consecuencias de su propio pecado.

### *4. Abre la puerta a la maldición*

*"He aquí yo haré levantar el mal sobre ti..."*
*(2 Samuel 12:11a).*

David era consciente de que, por causa de su pecado, la maldición había entrado en su casa. Como diría más tarde Salomón: "*La maldición nunca vendrá sin causa*" (Proverbios 26:2). Una pequeña debilidad del rey acarreó maldiciones en su vida, y prácticamente arruinó su reino. Luego de escuchar las palabras conmovedoras del profeta Natán, David no tuvo más remedio que confesar su falta (2 Samuel 12:13).

Su arrepentimiento fue verdadero, fue genuino, acompañado de muchas lágrimas y de un profundo dolor, con el deseo de renunciar a todo. El fruto del arrepentimiento del rey se vio reflejado en que jamás volvió a incurrir en algo similar. Fue capaz de romper definitivamente con aquel pasado que le hizo doler hasta el alma por haber ofendido a Dios. Su oración de arrepentimiento no fue superficial, sino llena de verdadero lamento. De ella surgió el Salmo 51, en el cual expresa: "*Al corazón contrito y humillado no despreciarás tú, oh Dios*"(Salmos 51:17b).

### 5. *Entra un espíritu de muerte a la familia*

*"También Jehová ha remitido tu pecado; no morirás. Mas por cuanto con este asunto hiciste blasfemar a los enemigos de Jehová, el hijo que te ha nacido ciertamente morirá" (2 Samuel 12:13-14).*

A pesar del arrepentimiento, las consecuencias fueron inevitables. En el caso del rey de Israel, la más afectada fue su familia. Aunque Dios no quitó a David el lugar que le había dado, el hijo que Betsabé había concebido por causa de esta relación pecaminosa fue el receptor de las consecuencias. David ayunó y oró, implorando misericordia, pero Dios ya había tomado una decisión y el niño murió.

Tiempo después, en una de sus meditaciones al respecto, David compuso el Salmo 32, en cuyos primeros versículos dice: "Bienaventurado aquel cuya transgresión ha sido perdonada, y cubierto su pecado. Bienaventurado el hombre a quien Jehová no culpa de iniquidad, y en cuyo espíritu no hay engaño". Aquí observamos cómo David mira las cosas desde otra óptica, y reconoce que ciertamente no hay como vivir en paz con Dios. El hombre que está en paz y a salvo con su Creador es una persona feliz, tranquila y dichosa, que no permite el engaño en su espíritu. En el mismo Salmo, David reflexiona: "*Mientras callé, se envejecieron mis huesos en mi gemir todo el día. Porque de día y de noche se agravó sobre mí tu mano; se volvió mi verdor en sequedades de verano"*(Salmos 32:3-4). El contenido de estos versículos nos muestra las consecuencias del pecado no confesado.

Todo pecado no confesado repercute en las siguientes áreas:

- **Física**: "*Mientras callé, se envejecieron mis huesos".*
- **Emocional**: "*En mi gemir todo el día. Porque de día y de noche se agravó sobre mí tu mano".*
- **Financiera**: "*Se volvió mi verdor en sequedades de verano".*

Las consecuencias de su pecado llevaron a David a tomar la decisión de arrepentirse. "*Mi pecado te declaré, y no encubrí mi iniquidad. Dije: Confesaré mis transgresiones a Jehová; y tú perdonaste la maldad de mi pecado"*(Salmos 32:5).

La confesión del rey no es superficial, ni trata de justificarse de lo que había hecho. Su confesión detallada pone de manifiesto ante el Señor su falta paso a paso: "Mi pecado te declaré". David sabe que Dios es el único que puede perdonar sus pecados, y es interesante observar que cuando él toma la decisión de confesar su falta, ya

Dios había decidido también perdonarlo, borrando su iniquidad. Después de esto, David no se considera más un hombre pecador, sino una persona santificada: "*Por esto orará a ti todo santo en el tiempo en que puedas ser hallado...*"(Salmos 32:6). Había dejado de ser aquel sucio pecador que adulteró y mató. Ahora se considera una persona santa y sin culpabilidad. Como dice Pablo: "*Ahora, pues, ninguna condenación hay para los que están en Cristo Jesús...*"(Romanos 8:1). Seguro de su limpieza y de la ausencia de culpabilidad en él, David dice: "*Ciertamente en la inundación de muchas aguas no llegarán éstas a él*"(Salmos 32:6b).

No importan las pruebas, éstas ya no le tocarían porque conoce que es Dios quien le da la victoria y la confianza: "*Tú eres mi refugio; me guardarás de la angustia; con cánticos de liberación me rodearás*" (Salmos 32:7). David estaba seguro que el Señor le guardaría de todo lo venidero, porque el mismo Dios era su refugio. Vivía en completa liberación porque las cadenas de opresión habían sido rotas completamente dentro suyo.

De la misma manera debe suceder cuando una persona se arrepiente genuinamente. Ella debe estar segura del perdón de Dios y proponer en su corazón nunca más volver a ofenderlo.

Teniendo clara la diferencia entre arrepentimiento y remordimiento, y antes de entrar a considerar algunos aspectos generales y otros específicos en la experiencia de un verdadero cambio de actitud, es importante resaltar que la fe del creyente sólo podrá desarrollarse cuando la persona haya dado lugar al genuino arrepentimiento.

CAPÍTULO 5

# El Encuentro nos da una nueva oportunidad

Creo que debe conocer muy bien la parábola del hijo prodigo, la cual relata la historia de un padre de familia económicamente estable que tenía dos hijos. Un día, el hijo menor decide pedir la parte de sus bienes y se va con ella a malgastarla con compañeros ocasionales en la ciudad. Pasados los días, el joven se encuentra sin nada en sus bolsillos y, por consiguiente, sin los supuestos amigos que le acompañaban en todas sus juergas. Agobiado, termina como jornalero, cuidando cerdos. Pasando hambre, no le importa entonces comer hasta de las mismas algarrobas de los animales. En medio de esta apremiante situación, el joven reflexiona: "*¡Cuántos jornaleros en casa de mi padre tienen abundancia de pan, y yo aquí perezco de hambre! Me levantaré e iré a mi padre, y le diré: Padre, he pecado contra el cielo y contra ti. Ya no soy digno de ser llamado tu hijo; hazme como a uno de tus jornaleros. Y levantándose, vino a su padre*"(Lucas 15:17-20).

Este joven hizo exactamente lo que había pensado. Primero decidió en su corazón reconciliarse con su padre, y luego llevó a cabo la acción.

Algo similar sucede cuando tomamos la decisión de restaurar nuestra relación con Dios. Cuando el velo cae de los ojos del pecador y se vuelve consciente de su pecaminosa naturaleza, su primera actitud es conseguir una segunda oportunidad, porque sabe que la única manera de ser limpio de su pecado es a través de una genuina conversión a Dios.

## UN REBELDE QUE DECIDE CAMBIAR (LUCAS 15: 17–19)

De la actitud del hijo pródigo, vale la pena destacar tres aspectos importantes que conforman el proceso del verdadero arrepentimiento. Éstos son:

### *1. Renovación de la Mente*

El entendimiento es alumbrado. "Así que, hermanos, os ruego por las misericordias de Dios, que presentéis vuestros cuerpos en sacrificio vivo, santo, agradable a Dios, que es vuestro culto racional. No os conforméis a este siglo, sino transformaos por medio de la renovación de vuestro entendimiento, para que comprobéis cuál sea la buena voluntad de Dios, agradable y perfecta" (Romanos 12:1-2).

El apóstol Pablo dijo: "No os conforméis a este siglo". Si el hijo pródigo se hubiera conformado con las algarrobas que le ofrecía el mundo, jamás hubiera tomado la decisión de regresar a su casa y buscar una segunda oportunidad junto a su padre. Aunque había actuado fuera de sí, locamente, en medio de su desdicha tuvo un momento de lucidez y recapacitó. Renovó su mente y renunció a seguir viviendo en su mísera condición. Quiso probar si hallaba el favor de su padre, y pudo comprobar, cuando tomó la decisión, que la voluntad de Dios era buena, agradable y perfecta para con él.

### 2. *Tomar la decisión correcta*

Él dijo: "Me levantaré e iré a mi padre". La renovación de la mente es el primer paso hacia el arrepentimiento, pero el siguiente es tan importante como el primero, y consiste en tomar una decisión firme en la voluntad. Es como cuando alguien se ha desviado hacia la senda equivocada y después de haber recorrido un largo camino se da cuenta de su error. Lo correcto es detener la marcha y volver hacia atrás, en busca del camino correcto. El hijo pródigo estaba completamente perdido y lejos de su padre, así que se dio cuenta de su equivocación, hizo un alto en el camino, y se mostró dispuesto a empezar de nuevo.

*3. Confesión de pecados*

También dijo el hijo pródigo: "Le diré: Padre, he pecado contra el cielo y contra ti". La confesión es la culminación en el proceso de arrepentimiento. Aquellos que aún no están dispuestos a reconocer y declarar su equivocación, no han alcanzado el arrepentimiento genuino.

Frente a la actitud de este joven analizamos el comportamiento de su padre, completándose el gran cuadro del mejor ejemplo de arrepentimiento y perdón.

## UN PADRE ESPERA EL REGRESO DE SU HIJO (LUCAS 15: 20-24)

Veamos cómo actuó el padre frente a la actitud de su hijo arrepentido.

*1. Lo ve de lejos*

*"Y cuando aún estaba lejos, lo vio su padre".*

Dios siempre nos contempló con ojos misericordiosos. Aun cuando estábamos lejos suyo, perdidos en los vicios y en el pecado, anhelaba ardientemente que nos volviésemos y nos reconciliáramos con Él.

Recordemos que el Señor dijo a Pedro: "Antes que el gallo cante dos veces, tú me habrás negado tres".

Aunque el apóstol juró que no lo haría jamás, al poco tiempo estaba negando al Señor en tres ocasiones diferentes. Mas Jesús permaneció en silencio, mirándolo con sus ojos cargados de tanto amor que esto trajo la convicción de pecado en Pedro, lo conmovió y doblegó hasta hacerlo llorar amargamente. Después de haber resucitado, Jesús se encontró con él y le preguntó: "¿Pedro, me amas?". La pregunta fue formulada en tres oportunidades, exactamente la misma cantidad de veces que el apóstol lo había negado, dando a entender que por cada falta cometida debe haber una restitución.

*2. Es movido a misericordia*

*"Y fue movido a misericordia"*

A pesar de que su hijo había defraudado su confianza quebrantado todas sus leyes, el padre no guardó ningún resentimiento hacia él, pues era su constante deseo, de día y de noche, que su hijo volviera nuevamente al hogar.

*3. Sale a recibirlo*

*"Y corrió, se echó sobre su cuello, y le besó".*

Trabajar junto a los cerdos no sólo impregna la ropa de un olor tan desagradable, sino que el mismo llega a compenetrarse en la piel de la persona, de tal manera que donde quiera que ésta se encuentre es inevitable percibir el aroma. A pesar de ello, el amor del padre por su hijo fue demostrado de una manera especial, pues no sólo corrió a él, sino que al acercarse le abrazó y lo besó.

El Padre Celestial no solo corre a nuestro encuentro, sino que al llegar, nos abraza y nos besa como diciéndonos: "Hijo, el día que te alejaste de Mí me dolió mucho, pero sabía que regresarías. Te he estado esperando desde entonces". Ese es el momento en que se restaura la relación entre Padre e hijo, y uno siente la plena seguridad de estar en las manos del Todopoderoso.

Hace un tiempo, una mujer que comenzó a asistir a las reuniones, sufría de problemas emocionales, los cuales la tenían casi al borde de la locura. El Señor obró en su vida de una manera prodigiosa; fue sanada, restaurada y bendecida por el poder del Espíritu. Sus palabras al recibir el milagro fueron: "Si tuviera que pasar el resto de mis días de rodillas ante el Señor, no sería suficiente para agradecerle todo lo que ha hecho por mi vida".

### *4. Tiene preparado un traje de justicia*

*"Pero el padre dijo a sus siervos: Sacad el mejor vestido, y vestidle".*

En la época de Josué, el profeta Zacarías tuvo una visión, a la que se refiere en su libro, diciendo: *"Me mostró al sumo sacerdote Josué, el cual estaba delante del ángel de Jehová, y Satanás estaba a su mano derecha para acusarle. Y dijo Jehová a Satanás: Jehová te reprenda, oh Satanás; Jehová que ha escogido a Jerusalén te reprenda. ¿No es éste un tizón arrebatado del incendio? Y Josué estaba vestido de vestiduras viles, y estaba delante del ángel. Y habló el ángel y mandó a los que estaban delante de él, diciendo: Quitadle esas vestiduras viles. Y a él le dijo: Mira que he quitado de ti tu pecado, y te he hecho vestir de ropas de gala"* (Zacarías 3:1-4).

Este es un cuadro profético que se le presenta al profeta Zacarías en esta visión. Por un lado, él ve al sumo sacerdote, quien representa la autoridad espiritual del pueblo de Israel y al hombre de más alta moral, la persona que ha recibido la revelación de la Palabra de Dios y la enseña al pueblo. Y está delante del ángel de Dios, lo que simboliza la relación que este hombre tenía con Dios. Por otro lado, se encuentra Satanás, a la derecha, para acusarle, a quien el Señor le dice: "Jehová te reprenda, oh Satanás". Dios tiene que ordenarle a Satanás que se aparte de él porque "éste es un tizón arrebatado del incendio", dando a entender que las consecuencias y efectos del pecado no lo pueden alcanzar;. Mas Satanás contaba con un fuerte argumento contra el sumo sacerdote: "éste estaba vestido con vestiduras viles". A pesar de eso, aun así, se hallaba delante del ángel de Dios. Las vestiduras viles representan una vida completamente afectada por el pecado, son el reflejo del hombre interior.

No bastaba con ser un buen hombre, comportarse de la manera correcta y conocer la revelación de la Palabra, se requería algo más, que las vestiduras fueran quitadas o que la maldición del pecado fuera cancelada. Por esta razón, el ángel tuvo que mandar a los que estaban delante de él para que le quitaran sus vestiduras viles. Luego, le dijo al sumo sacerdote: "Mira que he quitado tu pecado y te he puesto ropa de gala". El acto de quitar las vestiduras viles fue lo que el Señor Jesucristo hizo con toda la humanidad.

En Isaías 53:1-6, dice: "*¿Quién ha creído a nuestro anuncio? ¿Y sobre quién se ha manifestado el brazo de Jehová? Subirá cual renuevo delante de él, y como raíz de tierra seca; no hay parecer en él, ni hermosura; le veremos, mas sin atractivo para que le deseemos. Despreciado y desechado entre los hombres, varón de dolores, experimentado en quebranto; y como que escondimos de él el rostro, fue menospreciado, y no lo estimamos. Ciertamente llevó él nuestras enfermedades, y sufrió nuestros dolores; y nosotros le tuvimos por azotado, por herido de Dios y abatido. Mas él herido fue por nuestras rebeliones, molido por nuestros pecados; el castigo de nuestra* *paz fue sobre él, y por su llaga fuimos nosotros curados. Todos nosotros nos descarriamos como ovejas, cada cual se apartó por su camino; mas Jehová cargó en él el pecado de todos nosotros".*

Podríamos decir que este es un cuadro paralelo al de Zacarías. Ya no está allí el sumo sacerdote Josué, sino el gran sumo sacerdote Jesús. El nombre Josué, en su origen hebreo significa Jesús. El Señor está con vestiduras viles, y por ello se presenta como raíz de tierra seca, es decir, algo feo en lo que no hay parecer ni hermosura, sin atractivo para ser deseado. Jesús llevaba las vestiduras viles del pecado y de la debilidad de la raza humana.

En Isaías 53:3, se presenta el cuadro del Señor Jesucristo en una condición lamentable: despreciado, desechado, rechazado, sin hermosura. Y Satanás, a la diestra de Dios, estaba acusando a Jesús, por lo que el Señor tiene que reprender a Satanás. En ese momento, el Señor estaba llevando la enfermedad, la miseria y los estragos causados por el pecado; toda la rebelión de la raza humana estaba recayendo sobre el cuerpo del Señor Jesucristo. El profeta entonces dice: "*Todos nosotros nos descarriamos como ovejas, cada cual se apartó por su camino; mas Jehová cargó en él el pecado de todos nosotros*"(Isaías 53:6).

## CAMBIO DE VESTIDURAS

Es interesante ver que las vestiduras viles de la raza humana recayeron sobre una sola persona: ¡Jesucristo! Y Satanás se presenta para acusarlo ante el mismo Dios, pero recibe reprensión.

En la Cruz del Calvario, el Señor canceló también todos los argumentos que el adversario tenía contra nosotros: "*Anulando el acta de los decretos que había contra nosotros, que nos era contraria, quitándola de en medio y clavándola en la cruz, y despojando a los principados y a las potestades, los exhibió públicamente, triunfando sobre ellos en la cruz*" (Colosenses 2:14). "*Cristo nos redimió de la maldición de la ley, hecho por nosotros maldición (porque está escrito: Maldito todo el que es colgado en un madero)*" (Gálatas 3:13).

El Señor quita las vestiduras viles y las transforma en vestiduras de gloria, razón por la que Pablo dice: "*Por lo cual Dios también le exaltó hasta lo sumo, y le dio un nombre que es sobre todo nombre, para que en el nombre de Jesús se doble toda rodilla de los que están en los cielos, y en la tierra, y debajo de la tierra; y toda lengua confiese que Jesucristo es el Señor, para gloria de Dios Padre*" (Filipenses 2:9-11).

*5. Restaura la autoridad de su hijo*

*"Y poned un anillo en su mano".*

El anillo es símbolo de autoridad y gobierno. En el libro de Zacarías, capítulo 3:5-7, relata la victoria que el Señor le dio al sumo sacerdote Josué después del cambio de las vestiduras: "Y pusieron una mitra limpia sobre su cabeza, y le vistieron las ropas.

Y el ángel de Jehová estaba en pie. Y el ángel de Jehová amonestó a Josué, diciendo: Así dice Jehová de los ejércitos: Si anduvieres por mis caminos, y si guardares mi ordenanza, también tú gobernarás mi casa, también guardarás mis atrios, y entre éstos que aquí están te daré lugar".

La mitra representa la autoridad que el Señor le dio al sumo sacerdote sobre su casa, y el anillo representa la autoridad que el padre le da a su hijo sobre la casa.

El padre le dice al hijo pródigo: "Este anillo es el sello que utilizo sobre todos los documentos, ahora tú tienes derecho a usarlo. Tu palabra será orden de autoridad".

6. *Le confió el mayor ministerio, la predicación del Evangelio*

*"Y calzado en sus pies".*

Para el creyente, el calzado representa el privilegio de disfrutar una relación plena con la Palabra divina, que a la vez es transmitida a todos aquellos que le rodean. El apóstol Pablo dijo que debemos calzarnos los pies con el apresto del evangelio, es decir, las buenas nuevas de salvación.

El mayor gozo que puede experimentar un siervo de Dios es poder compartir la Palabra de vida con los perdidos, desorientados y sin rumbo, y también motivar a otros creyentes.

7. *Restauró su gozo*

*"Y comamos y hagamos fiesta".*

La vida cristiana debe ir acompañada de mucha alegría. Ésta es representada por las diferentes expresiones de danza, razón por la cual, las naciones manifiestan su cultura a través de bailes tradicionales. Algunos creyentes consideran que las danzas no deben ser parte de la adoración en la Iglesia, pero debo decirles que Dios es el creador de ellas. A Él le place que haya alegría gozo y danza dentro de los parámetros de la santidad.

La danza debe ser usada para romper ataduras y quebrantar potestades. Debe ser una danza guerrera que sirva para limpiar influencias adversas en los aires, trayendo también regocijo y alegría de saber que Dios nos ha salvado, bendecido y hecho parte de su familia.

Hay personas que se rehusan a aceptar que esta expresión de alegría se relacione de alguna manera con la espiritualidad. Tal fue la actitud de Mical, la mujer de David, quien, cuando vio que éste danzaba delante de Dios, lo menospreció con todo su ser y pasó a tenerle en poco diciéndole: "*Cuán honrado ha quedado hoy el rey de Israel, descubriéndose delante de las criadas de sus siervos, como se descubre sin decoro un cualquiera*"(2 Samuel 6:20b). Por dicha actitud, Dios la castigó dejándola sin hijos; lo que significa que nunca dio fruto. Criticar la alabanza a Dios es muy delicado.

Más sabio es tener grupos consagrados y entrenados que guíen a toda la congregación en sus expresiones de júbilo al Rey.

El mismo Señor dice que en su Reino hay fiesta por un pecador que se arrepiente, que en los cielos danzan ante tal acontecimiento. Si la cultura del cielo cuenta con danzas, ¿por qué hemos de rehusarnos a ellas?

*"El padre, al llegar a casa, reúne a sus amigos y vecinos diciéndoles: Gozaos conmigo, porque he encontrado mi oveja que se había perdido. Os digo que así habrá más gozo en el cielo por un pecador que se arrepiente, que por noventa y nueve justos que no necesitan arrepentimiento"(Lucas 15:6-7).*

## SIETE PASOS PARA RESTAURAR NUESTRA RELACION CON DIOS

El pecador es aquella persona que ha ofendido a Dios por medio de sus actos, de tal manera que se aleja continuamente de Él. A través del profeta Isaías, el Señor dijo: "*Cuando extendáis vuestras manos, yo esconderé de vosotros mis ojos; asimismo cuando multipliquéis la oración, yo no oiré; llenas están de sangre vuestras manos. Lavaos y limpiaos; quitad la iniquidad de vuestras obras de delante de mis ojos; dejad de hacer lo malo; aprended a hacer el bien; buscad el juicio, restituid al agraviado, haced justicia al huérfano, amparad a la viuda. Venid luego, dice Jehová, y estemos a cuenta: si vuestros pecados fueren como la grana, como la nieve serán emblanquecidos; si fueren rojos como el carmesí, vendrán a ser como blanca lana. Si quisiereis y oyereis, comeréis el bien de la tierra; si no quisiereis y fuereis rebeldes, seréis consumidos a espada; porque la boca de Jehová lo ha dicho*"(Isaías 1:15-20).

El anhelo del corazón de Dios es restaurar su relación de amor con cada ser humano. Este pasaje de Isaías nos enseña los siete pasos que debemos realizar para llegar a esa restauración.

*1. Lavaos y limpiaos*

Debemos entender que lo único que puede lavar y limpiar el pecado del corazón del hombre es la sangre de Jesucristo: "*Y la sangre de Jesucristo su Hijo nos limpia de todo pecado*"(1 Juan 1:7). Esto se lleva a cabo cuando el pecador reconoce su falta y acude en un acto de fe a la Cruz del Calvario, diciendo: "Señor, reconozco que esa sangre que Tú derramaste puede limpiarme de todo pecado. Hoy renuncio a mi vida de maldad, confiando en que Tú me limpias".

*2. Despojaos de todo peso*

El escritor de la carta a los hebreos, dice: "Por tanto, nosotros también, teniendo en derredor nuestro tan grande nube de testigos, despojémonos de todo peso y del pecado que nos asedia, y corramos con paciencia la carrera que tenemos por delante" (Hebreos 12:1). Es fundamental que cada creyente entienda que el pecado es una carga que detiene el avance de la vida cristiana. Los pecados son como grillos que atan los pies. Debemos, por medio de nuestra propia voluntad, pedirle al Señor que nos libere de todo peso de pecado que hemos estado cargando.

*3. Dejad de hacer lo malo*

Esto implica romper definitivamente con el pasado. No debemos rodearnos nuevamente de aquellas cosas que nos apartaron de la senda de Dios. Es necesario tomar la decisión de romper total y definitivamente con el pecado.

El apóstol Pablo dijo: "*Por lo cual, desechando la mentira, hablad verdad cada uno con su prójimo; porque somos miembros los unos de los otros. Airaos, pero no pequéis; no se ponga el sol sobre vuestro enojo, ni deis lugar al diablo. El que hurtaba, no hurte más, sino trabaje, haciendo con sus manos lo que es bueno, para que tenga qué compartir con el que padece necesidad. Ninguna palabra corrompida salga de vuestra boca, sino la que sea buena para la necesaria edificación, a fin de dar gracia a los oyentes*"(Efesios 4:25-29).

También manifestó a los colosenses: "*Haced morir, pues, lo terrenal en vosotros: fornicación, impureza, pasiones desordenadas, malos deseos y avaricia que es idolatría; cosas por las cuales la ira de Dios viene sobre los hijos de desobediencia*"(Colosenses 3:5-6).

### 4. *Aprended a hacer el bien*

Así como por años quizás, sólo aprendimos a hacer lo malo, del mismo modo el Señor anhela que ahora solo nos preparemos a hacer el bien. Debemos practicar el bien hasta que esto se convierta en un hábito en nuestra vida. Pablo dijo: "*Antes sed benignos unos con otros, misericordiosos, perdonándoos unos a otros, como Dios también os perdonó a vosotros en Cristo*"(Efesios 4: 32). "*Nada hagáis por contienda o por vanagloria; antes bien con humildad, estimando cada uno a los demás como superiores a él mismo; no mirando cada uno por lo suyo propio, sino cada cual también por lo de los otros*" (Filipenses 2:3-4).

> *"Porque somos hechura suya, creados en Cristo Jesús para buenas obras, las cuales Dios preparó de antemano para que anduviésemos en ellas"*
> *(Efesios 2:10).*

### 5. *Buscad juicio*

El juicio es el resultado del sometimiento del hombre a la voluntad de Dios, la cual es revelada en su Palabra.

Debemos entender que la "*fornicación, el vino y el mosto quitan el juicio*"(Oseas 4:11).

En Eclesiastés 3:16, Salomón dijo: "*Vi más debajo del sol: en lugar del juicio, allí impiedad; y en lugar de la justicia, allí iniquidad*". La impiedad viene como consecuencia de quebrantar la Palabra divina. Dios dijo: "*Según oigo, así juzgo; y mi juicio es justo, porque no busco mi voluntad, sino la voluntad del que me envió...*" (Juan 5:30). El juicio es rectitud e imparcialidad, sujetas a la voluntad divina, sin influencia alguna.

## 6. *Restituid al agraviado*

Uno de los mayores ejemplos de restitución lo vemos en la vida de Zaqueo. Cuando Jesús llegó a la casa de este hombre, él tomó sus bienes y dijo: "*Señor, la mitad de mis bienes doy a los pobres; y si en algo he defraudado a alguno, se lo devuelvo cuadruplicado*"(Lucas 19:8).

Son muchos los testimonios que escuchamos de personas que habían cometido graves equivocaciones en su vida pasada y, luego de experimentar un encuentro con Jesucristo, nació en ellos el deseo de restituir a aquellas personas a quienes habían agraviado. Uno de ellos me compartió que estando un día en casa de un amigo, sintió el deseo de apropiarse de un valioso reloj sin que él se diera cuenta; pero cuando conoció a Jesucristo, este hombre regresó a la casa de su amigo y le dijo: "¿Recuerdas aquel reloj que se te extravió en tal ocasión? Quiero confesarte que yo me apropié de él. Dios me dijo que tenía que hacer restitución y he venido a pedirte perdón y a devolvértelo".

La restitución no es algo fácil de realizar porque uno se expone a la vergüenza ante el prójimo, sin saber cómo éste va a reaccionar. Sin embargo, este acto tiene un efecto poderoso en el mundo espiritual, porque cualquier argumento que el adversario haya tenido en contra nuestro en el pasado se ve totalmente cancelado. Dios lo arranca de la vida y del corazón de cada persona, lo remueve de los aires en que se mueven, y lo clava en la Cruz del Calvario.

Otra joven me compartió que ella le había quitado astutamente el novio a una de sus amigas, pero después de haber asistido a un Encuentro, estando su amiga en una reunión, le dijo: "Quiero pedirte que me perdones. De una manera caprichosa, me propuse conquistar a tu novio y lo logré; pero Dios me ha hablado y me ha dicho que esto no es correcto. Perdóname, he tomado la decisión de romper toda relación con él porque ella no nació de una actitud correcta".

Los retiros matrimoniales, o Encuentros de parejas, producen excelentes resultados. Aquellas parejas que se negaron mutuamente la felicidad por años, al pedirse perdón, se proponen restituir el tiempo que han perdido, invirtiéndolo ahora en ellos mismos. Muchos nunca habían salido solos en pareja, a pesar que llevaban bastantes años de casados. Después de comprender su error y pedirse perdón, comprobaron la importancia de compartir tiempo juntos.

### 7. *Haced justicia al huérfano y amparad a la viuda*

Por lo general, en la sociedad contemporánea se tiende a favorecer al poderoso y perjudicar al débil. Dios quiere que pensemos en aquellos que han perdido a sus padres, que no tienen protección, o aún carecen de provisión. Él desea que hagamos a un lado toda actitud de condenación y que obremos con justicia, amor y misericordia, especialmente con las viudas y los huérfanos. El Señor se presenta como Padre de los huérfanos y Esposo de las viudas. Estas dos clases de personas representan a aquellos que han quedado desprotegidos; debemos entender que el favor de Dios está con ellos. Es doloroso ver a tantos hijos que han perdido a sus padres en la guerra; a otros se los han llevado los vientos de la infidelidad, quedando en completo desamparo; y aunque algunos tienen a su padre vivo, es como si no lo tuvieran porque él está ausente, por lo que prácticamente ha muerto para ellos. Dios nos dice que el sentir de la iglesia debe ser de un espíritu de compasión y misericordia, a fin de extenderles una mano a quienes han quedado desamparados.

Después de presentar estos siete pasos es cuando el Señor dice: "*Venid luego... y estemos a cuenta: si vuestros pecados fueren como la grana, como la nieve serán emblanquecidos; si fueren rojos como el carmesí, vendrán a ser como blanca lana*"(Isaías 1:18). No importa la magnitud del pecado, si seguimos estos siete pasos, la misericordia y el perdón del Señor nos alcanzarán.

**La actitud del pecador** que se arrepiente de corazón, con el deseo de regresar a los caminos de Dios es:

- Renovar su mente a fin de que su entendimiento sea alumbrado.
- Tomar la decisión correcta.
- Confesar sus pecados.

**Ante la actitud de su hijo**, el Padre Celestial responde de la siguiente manera:

1. Lo ve de lejos.
2. Es movido a misericordia.
3. Sale a su encuentro.
4. Le prepara un traje de justicia.

5. Restaura la autoridad de su hijo.
6. Le confía el mayor ministerio, la predicación del Evangelio.
7. Restaura su gozo.

Además, el Señor enseña al pecador siete pasos que le conducirán a recibir su perdón y a obtener sus bendiciones:

1. Lavarse y limpiarse.
2. Despojarse de todo peso.
3. Dejar de hacer lo malo.
4. Aprender a hacer el bien.
5. Buscar juicio.
6. Restituir el agravio cometido.
7. Hacer justicia al huérfano y amparar a la viuda.

CAPÍTULO 6

# Sanando nuestro Corazón

*"El ánimo del hombre soportará su enfermedad, mas ¿quién soportará el ánimo angustiado?" (Proverbios 18:14).*

Las heridas más profundas que pueda padecer el ser humano se han centralizado en el alma. Cuando Dios diseñó al hombre, lo hizo de tal modo que éste pudiese ser amado, sentirse amado, y a la vez dar amor.

Muchas heridas fueron producidas en la niñez, tales como la falta de afecto familiar, la carencia de amor, de estímulo y de reconocimiento. Éstas dejan un gran vacío en el corazón y, aunque pasen los años, esa sensación de carencias persiste. Es entonces cuando se intenta llenar el hueco con cosas secundarias y, incurriendo en graves pecados. Son muchas las personas que llegan al matrimonio en estas condiciones, creyendo que vivir con otra persona los hará olvidarse de todo lo que sufrieron de niños; lo único que logran es ahondar el dolor. Puedo decir que las heridas del espíritu van más allá de la memoria, y son más profundas que las que puedan ocasionarse en una mente consciente. En la mayoría de los casos, pareciera que ni siquiera las registráramos porque tal vez cuando sucedieron, éramos demasiado pequeños como para que ahora las llegásemos a recordar.

Las heridas del corazón son tan profundas que ni el tiempo las puede borrar. Por lo general, están tan arraigadas en lo íntimo del corazón que en muchas ocasiones la memoria no las percibe. Y son más fuertes que las heridas físicas. Posiblemente, usted ha escuchado la expresión: "Me dolió más lo que me dijo que si me hubiera golpeado".

## SANIDAD INTERIOR

Sabemos que la esencia del hombre es espíritu, alma y cuerpo, es decir, que se trata de un ser tripartito.

Vemos que en el alma se encuentran: la mente, las emociones, y la voluntad.

La mente es lo que nos hace conscientes del mundo que nos rodea, a través de la manera como procesa la información.

Las emociones son las que le dan sabor a la vida. Si las emociones se ven afectadas, se convertirán en el martirio más grande de la persona.

La voluntad es la que tiene la última palabra. Por ejemplo, cuando alguien escucha la Palabra de Dios, este mensaje llega a su mente, que es donde se procesa la información. Luego pasa a los sentimientos, donde encuentra diferentes tipos de reacción. Pero la decisión final la da la voluntad, que puede ser a favor o en contra. Dios respeta tanto la voluntad que jamás interferirá en la decisión que usted pueda llegar a tomar. Dios quiere asegurarse de que cada persona que le sigue, lo haga de corazón, no por interés ni por obligación. Dios no quiere llenar su reino de autómatas, sino de personas que le amen y le sirvan con todas sus fuerzas, con todas sus ganas.

## ¿CUÁNDO SE GENERAN LAS HERIDAS DEL ALMA?

Muchas heridas que llevamos en nosotros fueron producidas posiblemente desde antes de que naciéramos. Cuando una persona es engendrada, pasa a ser como la extensión de sus padres, tanto en el carácter, como en sus principios. Todo lo que los padres hayan vivenciado en el momento de la concepción, de alguna u otra forma condicionará las emociones de su hijo. Por otro lado, las maldiciones o bendiciones que ellos hayan heredado de sus antepasados, serán retransmitidas a sus descendientes.

Cualquier abuso, ya sea verbal, físico, sexual o social que el ser humano sufra, especialmente en el vientre de su madre o en la niñez, marcará su vida para siempre, ocasionando heridas psicológicas. Éstas, por lo general, son puertas abiertas por las que Satanás entra y aprovecha la falta de conocimiento que la gente tiene acerca de él, para subyugarla. El enemigo introduce a través de la amargura y el dolor de experiencias pasadas a sus espíritus impuros e inmundos, tales como el temor, la inseguridad, el sentimiento de inferioridad, la duda, el resentimiento, los vicios, la amargura, etc. La estrategia del diablo es que lo ignoren, su astucia es pasar desapercibido. Mientras él pueda permanecer oculto, sin que se lo identifique, podrá controlar más fácilmente las vidas. Pero cuando es desenmascarado, pierde todo su poder. El profeta Jeremías dijo: "*Tomad bálsamo para su dolor, quizás sane*" (Jeremías 51:8b).

Cada experiencia vivida se almacena en el cerebro. Cuando pensamos o actuamos, pequeños impulsos de electricidad pasan por entre las células del cerebro y forman senderos que funcionan como si fueran alambres, por los cuales corren dichos impulsos. Cada acontecimiento en nuestra vida produce nuevos senderos. Entre más se repite una experiencia, más marcado es el sendero. Por eso, cuando una persona es menospreciada, rechazada, abusada y maltratada en su niñez, al convertirse en adulto, traduce lo sufrido en pensamientos de condenación y derrota, convenciéndose que éstos vienen de Dios. Deben diferenciarse los pensamientos nacidos de Dios de aquellos que provienen de nuestra carne. Dios siempre llega a nosotros con pensamientos de convicción que no condenan, sino que nos conducen a un sincero y voluntario arrepentimiento.

## ¿QUÉ ES EL RECHAZO?

El rechazo es la falta de aceptación. Significa no ser admitido; ser contradicho en lo que se expresa, propone u ofrece; es no hallar cabida (es decir capacidad en otros para ser contenido); es no poder integrarse o encontrar su lugar dentro de un grupo.

La causa más común de un espíritu herido es producida por esta sensación de rechazo, y éste encuentra su origen en la falta de amor. Cuando un niño nace, lo ideal sería que un padre lo recibiera con mucha alegría y lo llenara de afecto. La estrategia que usan algunos grupos entregados a las prácticas del ocultismo para destruir emocionalmente a alguien, es aislarlo a los pocos meses de haber nacido. Lo separan de la madre, lo llevan a cuartos oscuros, donde llora y llora, y nadie le da afecto.

Al no recibir amor, no puede darlo tampoco. Y esto va haciendo de él una persona agresiva, violenta, rebelde, depresiva, triste y amargada.

El hombre fue creado para dar afecto y recibirlo, razón por la cual, cuando esta carencia afecta a la persona, le produce muchas heridas que quedarán arraigadas en lo profundo de su alma. A Dios le plació que dentro del seno familiar se estableciera como base el amor, y una de las maneras de expresarlo es a través del afecto. Los vacíos se producen cuando uno de los padres, o ambos, no le brindan a su bebé el afecto que necesita. Por tal motivo, es a partir de allí dónde comienza a levantarse una barrera de distanciamiento entre el hijo y el padre que le negó su amor.

## CAMBIOS NECESARIOS PARA LA RESTAURACIÓN

Somos conscientes de que en la sociedad actual, la relación entre padres e hijos es cada vez más distante, produciendo gran dolor, resentimiento y rebeldía en el corazón de los hijos. Muchos padres piensan que su única obligación es proveerles de lo económico, y los privan de aquello que más necesitan y que será lo único que les proporcionará seguridad para enfrentar cualquier adversidad que se les presente en esta vida.

Al mismo tiempo, muchas mujeres que han tenido que enfrentar las presiones de un matrimonio tormentoso, viven irritadas continuamente consigo mismas, motivo por el que viven lamentándose de su situación y se desahogan con sus hijos. Entonces, la imagen que éstos llegan a tener de ellas es la de una mujer gruñona, desdichada y que les hace sus días demasiado difíciles.

Es fundamental que los padres traten de crear puentes de comunicación con los hijos y, a la vez, fortalecer los lazos de amistad con ellos.

Para que el Señor pueda traer una restauración total a cada corazón herido es necesario tener en cuenta los siguientes aspectos:

*Identificar las posibles causas del origen del rechazo.* Esto es llegar hasta la raíz del asunto, donde se requiere que sea el Espíritu Santo el que traiga revelación de aquellas cosas que aun permanecen en el subconsciente.

*Enfrentar el pasado*. Esto no tiene la intención de remover la angustia vivida, sino enfrentarla sin temor y con la ayuda de Jesús, sabiendo que en Él está la solución.

*Individualizar claramente a aquellas personas que nos hirieron*. Estaba hablando con una joven días atrás, y ella me compartía que durante la niñez, su hermano mayor la ofendía continuamente con palabras vulgares. Y la razón por la que este muchacho hacía semejante cosa residía en el hecho de que ella había nacido mujer y no hombre. Por ello, se rehusaba a jugar con ella, la ridiculizaba en público, le decía que era demasiado fea para que alguien se interesara en ella, y que ni Dios mismo la aceptaría. Estas palabras quedaron tan marcadas en su corazón que, cada vez que algo le salía mal, ella pensaba que su hermano tenía razón. Así fue toda su vida. Sucedió entonces que se casó con la primera persona que la hizo sentir importante y le brindó algo de afecto, para obtener como resultado un fracaso matrimonial a los pocos años. Ella pudo superar todo esto recién cuando conoció el amor del Padre Dios, cuando llegó a sentir que el Señor la amaba tal cual era. Solo Jesús pudo llenar el vacío que la había acompañado por tanto tiempo. Entonces, ella pudo perdonar a su hermano y dejar atrás todo su pasado.

## JESÚS VIVIÓ EL RECHAZO POR USTED

Por amor a nosotros, Jesús sufrió diversos tipos de rechazos a lo largo de su vida:

Fue rechazado desde antes de nacer. Su padre José quiso abandonarlo a él y a María cuando ella estaba embarazada, pues sabía que Jesús no había sido engendrado por él. No lo hizo solo porque Dios intervino milagrosamente.

Fue rechazado al poco tiempo de su nacimiento. Un rey se asustó al conocer que Jesús también provenía del linaje real, y lo quiso matar.

Fue rechazado por los judíos, tanto por líderes religiosos como políticos, incluyendo al pueblo.

Fue rechazado aun por sus propios discípulos. Ellos se asustaron cuando vieron que Jesús era apresado y llevado a juicio, y lo abandonaron. Uno lo traicionó, otro lo negó, y los demás salieron huyendo. Esto fue para que se cumpliera la escritura: "Heriré al Pastor y las ovejas se dispersarán".

Fue rechazado por uno de los ladrones que estaba crucificado junto a Él en la cruz.

Pero el dolor más grande de Jesús fue experimentar el abandono del Padre celestial. Aquel fue el momento más crítico de toda su vida. Sentir que el Padre le daba la espalda le produjo el mayor grito de angustia que pudiese haber proferido. Sus palabras en aquellos momentos de interminable angustia fueron:

"*¡Dios mío, Dios mío, ¿por qué me has abandonado?!*" (Salmos 22:1). En este salmo quedó grabada la oración que elevara el Señor en su más triste padecimiento. Era como si el salmista hubiese sido transportado a la cruz y participado de los mismos sufrimientos de Cristo, porque esa frase fue expresada por él en primera persona.

"*Pero tú eres santo*" (Salmos 22:3). Éste es un concepto muy importante para la sanidad interior. Debemos comprender que aunque todo el mundo nos dé la espalda, Dios tiene la respuesta justa para nosotros. Jesús vivió el abandono del Padre porque estaba tomando nuestro lugar, estaba llevando sobre sus hombros la maldad del mundo entero; y si hay algo que Dios no soporta es el pecado, justamente porque Él es santo. Jesús se hizo pecado por nosotros, para que usted y yo fuésemos hechos justicia en Él. "*En ti esperaron nuestros padres, y tú los libraste*" (Salmos 22: 4). Todo el Antiguo Testamento está lleno de testimonios de siervos de Dios que obtuvieron la victoria, gracias a que esperaron con paciencia en Dios. Y Él los salvó.

"*Mas yo soy gusano y no hombre*" (Salmos 22:6). La genuina sanidad interior comienza cuando sentimos que somos nada, como gusanos, y nos humillamos y postramos ante Dios. Cuando en oración nos damos cuenta de que un insecto tiene más valor que nosotros es que dejamos de confiar en nosotros mismos y colocamos nuestra mirada en el Señor.

"*Porque tú eres el que me sacó del vientre, el que me hizo estar confiado en los pechos de mi madre*" (Salmos 22:9). Podemos ver que nuestro nacimiento no fue una equivocación, todo fue planeado por Dios. Podemos ver que Él es un Dios paternal y maternal, que puede suplir cualquier vacío emocional causado por el abandono de un padre.

"*Desde el vientre de mi madre tú eres mi Dios*" (Salmos 22:10b). Dios no es nuestro Dios ahora; ahora es cuando lo conocimos, pero Él siempre ha sido nuestro Dios.

Desde el vientre de nuestra madre, el Señor nos ha puesto su sello y nos dijo: "Tú eres mi hijo y yo soy tu Dios". Desde ese entonces, nosotros sabemos que Él es nuestro Dios.

Qué importante es que en oración recordemos cada etapa de nuestra vida y confrontemos nuestra niñez. En ella podremos ver, a través de la fe, que fuimos aceptos en el Amado.

"*Y mamaréis, y en los brazos seréis traídos, y sobre las rodillas seréis mimados como aquel a quien consuela su madre, así os consolare yo a vosotros y en Jerusalén tomaréis consuelo*" (Isaías 66:12b). Dios nos quiere dar consuelo, el mismo consuelo que le da una madre a su hijo, a quien ama. Eso es lo que quiere hacer el Señor con cada uno de nosotros.

## VIENDO EL FRUTO

*"Y veréis, y se alegrará vuestro corazón, y vuestros huesos reverdecerán como la hierba; y la mano de Jehová para con sus siervos será conocida, y se enojará el Señor contra sus enemigos" (Isaías 66:14).*

Cuando hay una real sanidad interior, Dios comienza su proceso a través del quebrantamiento. Él quiere tomar el lugar de su madre y su padre, llenando todos los vacíos que ellos han dejado en su vida. En Mateo 23:9 dice: "*Y no llaméis padre vuestro a nadie en la tierra, porque uno es vuestro Padre, el que está en los cielos*". El Salmo 27:10 dice: "*Aunque mi padre y mi madre me dejaran, con todo Jehová me recogerá*".

Nuestro Dios quiere llegar a tocar las fibras más íntimas de nuestro ser. Él quiere sanarnos y proveernos aun de aquello que nuestros padres no pudieron, restaurándonos completamente. El anhelo del corazón de Dios es que ninguno de nosotros tuviera que pasar por situaciones difíciles. Pero lo importante es que, aunque nuestros familiares nos hayan dado la espalda, nuestro Dios no lo hizo. Él nos recogió y apretó contra su regazo; Él nos ha dado de su afecto y de su amor, y seguirá haciéndolo por la eternidad.

## LO QUE LOS PADRES NO DEBEN PERMITIR EN SUS VIDAS

*1. La ira.*

Esta es una actitud descontrolada en el carácter del individuo; es una muestra de debilidad.

Muchas veces, el que más explota es el hombre, porque siente que está perdiendo autoridad, ya sea en el hogar o en el trabajo.

Se suele apelar a la ira para encubrir algún pecado; se recurre a ella tal vez porque hay amargura en el corazón y se la expresa a través de una actitud un poco fuerte o violenta.

La Biblia dice en Efesios 4:31-32: "*Quítense de vosotros, toda amargura, enojo, ira, gritería y maledicencia y toda malicia. Antes bien, sed benignos, misericordiosos unos con otros y perdonaos unos a otros, así como Dios también os perdonó a vosotros en Cristo*".

*2. Culpar a otro.*

El ser humano tiende a justificarse a sí mismo y a echarle la culpa a los demás: "Tú eres el culpable", "tú me hiciste esto", "tú dijiste aquello", "tú no me amas", "eres tú el que no me quiere". Generalmente, culpamos al cónyuge de los problemas financieros, de las falencias de nuestros hijos; le echamos la culpa a quien esté en la casa cuidando de ellos de lo que hacen mal; pensamos que la educación de los niños es tarea de cualquier otra persona menos de nosotros. La formación de los hijos depende de ambos padres. Ambos deben aprender a asumir sus responsabilidades y a hacerle frente a cada situación.

Es fundamental reconocer nuestros propios errores y buscar dentro nuestro en qué hemos fallado.

*3. Las palabras hirientes.*

Dentro del matrimonio, cada cónyuge sabe cómo herir a su compañero, y usa palabras sarcásticas contra él, semejantes a puñales. En el área de la consejería, he encontrado que las heridas más profundas han sido ocasionadas con palabras que se dijeron hace muchos años, pero que todavía se conservan en el recuerdo. El efecto de las palabras es muy poderoso. Éstas quedan prácticamente martillando en las mentes de las personas hasta que se convierten en un gran dolor que las torna rencorosas, llegando muchas veces a la venganza, y produciendo la ruptura del pacto de fidelidad. Por eso, es importante que si se ha ofendido con palabras fuertes, cada quien busque al otro y le pida perdón de todo corazón, que anule esas palabras en el nombre de Jesucristo, y busque en Dios la bendición y protección del hogar.

*4. El maltrato físico.*

Hay hombres que se han acostumbrado a maltratar físicamente a sus esposas. Isaías 54:4-6 dice: "*No temas, pues no serás confundida, y no te avergüences porque no serás afrentada, sino que te olvidarás de la vergüenza de tu juventud y de la afrenta de tu viudez no tendrás más memoria. Porque tu marido es tu Hacedor; Jehová de los ejércitos es su nombre; y tu Redentor, el Santo de Israel; Dios de toda la tierra será llamado. Porque como a mujer abandonada y triste de espíritu te llamó Jehová, y como a la esposa de la juventud que es repudiada, dijo el Dios tuyo*". El mismo Dios, a través de su Palabra, se compromete a darnos consuelo. Él le dice a la mujer:

"*No temas, pues no serás confundida; no te avergüences porque no serás afrentada*".

Dios mismo coloca un cordón de protección alrededor de la mujer y le dice que su marido no es más ese hombre que la maltrató, ni aquel que la abandonó, sino que su esposo a partir de este momento es Jehová, su Hacedor. Él mismo Dios la recogerá con gran misericordia.

## PASOS HACIA LA RESTAURACIÓN

Perdonar de todo corazón a aquellos que nos han ofendido, incluyendo a quienes nos han rechazado, y a quienes han dejado heridas profundas en nuestro corazón es el principio de la restauración.

El Señor dijo: "*Y cuando estéis orando, perdonad, si tenéis algo contra alguno; para que también vuestro Padre que está en los cielos os perdone a vosotros vuestras ofensas. Porque si no perdonáis, tampoco vuestro Padre que está en los cielos perdonará vuestras ofensas*" (Marcos 11:25).

Renunciar a albergar en nuestra alma todo aquello que haya producido amargura, resentimiento, odio o rebeldía. Jesús enseñó: "Todo escriba en el Reino de los cielos es semejante a un padre, que saca de su tesoro cosas nuevas y cosas viejas". Haga una limpieza de su alma y saque todo lo viejo; reserve solo aquellas cosas nuevas que edifican, especialmente la Palabra de Dios (Mateo 13:51).

Perdonarnos a nosotros mismos. En el libro de Romanos 8:1 dice que: "*Ninguna condenación hay para los que están en Cristo Jesús*". No deje que sus pensamientos le acusen, que los errores que cometió en el pasado le condenen. San Pablo dijo, en 2 Corintios 5:17, "*De modo que si alguno está en Cristo, nueva criatura es; las cosas viejas pasaron, he aquí todas son hechas nuevas*". Acéptese a sí mismo y restaure su relación personal con Dios.

Volverse a Cristo de todo corazón. Jesús dijo: "*Venid a mí todos los que estéis trabajados y cargados... y hallaréis descanso para vuestras almas*" (Mateo 11:28-29).

CAPÍTULO 7

# Transformando la maldición en Bendición

Llevaba ya nueve años ejerciendo el ministerio pastoral cuando comencé con la Misión Carismática Internacional. Cierta vez, antes de que ello ocurriera, visité una iglesia. Luego de haber ministrado la Palabra, una querida hermana cristiana se acercó y me dijo: "Hermano, ¿le gustaría que orara para que recibiera liberación?". Cuando escuché sus palabras, comencé a incomodarme, y pensé: "Tal vez esta hermana no se ha dado cuenta de que está tratando con un pastor". Lo tomé como una osadía de su parte. ¡¿Cómo se atrevía un miembro de una iglesia querer orar por la liberación de un pastor?! En aquel momento tenía el concepto de que la liberación era solo para personas endemoniadas, y que se hacía con el único fin de que los espíritus inmundos salieran de ellas. Asociaba liberación con la contorsión de las personas cuando los demonios dejan sus cuerpos y espíritus.

Creo que aquella hermana discernió la lucha interna por la cual estaba atravesando, y me dijo: "No es necesario que lo hagamos ahora. Cuando usted quiera, estoy dispuesta a orar por su vida". Meditando rápidamente me dije: "¿Qué puedo perder si esta mujer ora por mí?". Entendí que posiblemente era más lo que podía ganar que lo que podía perder, y le contesté: "Hermana, por favor, ore ahora mismo por mí".

## LA LIBERACIÓN EN MI VIDA

En el momento en que ella oró no tuve ninguna sensación extraña. No me caí al piso, no tosí, ni nada de ello. Todo fue aparentemente muy normal, pero sí sentí un aire de satisfacción interna. Aquella oración fue la llave que Dios utilizó para abrir la puerta que me permitiría, más tarde, identificar una serie de ataduras del pasado que habían condicionado mi vida y mi familia, y que permanecían ocultas a mi conocimiento. Dios me las reveló en el momento preciso, para ser confesadas y canceladas, y así recibir la liberación de la que aquella mujer me estaba hablando.

El Señor me llevó a profundizar más y más en la oración. Sentía la necesidad de prolongar mi tiempo en su presencia. Allí pude descubrir cómo el adversario se había opuesto a que mi familia sirviera al Señor.

Comencé a cancelar los argumentos que había contra ellos en el mundo espiritual, y mis ojos se abrieron, pudiendo ver por la fe la conversión de mis hermanos y familiares. En el transcurso de un año, el setenta por ciento de mi familia se había entregado a Cristo, cosa que no había logrado con gran empeño en todos aquellos años. ¿Qué produjo la diferencia? Fue la enseñanza del Espíritu Santo en mis momentos de comunión con Él. Me mostró cómo cortar la maldición sobre mi casa y cómo desatar la bendición sobre ella. Hoy en día, toda mi familia sirve al Señor. De mis nueve hermanos, ocho están en el ministerio. Mi madre es una tremenda intercesora. Toda la familia de mi esposa está involucrada en el ministerio, incluyendo a sus padres. Y nosotros, junto a mis cuatro hijas, servimos como familia al Señor.

Luego de esta experiencia que viví junto a mi esposa, ambos nos esforzamos por transmitirla a la iglesia, para que todos recibieran la misma ministración de parte de Dios.

## TRANSFORMANDO LA MALDICIÓN EN BENDICIÓN

Somos conscientes de que son muchos los creyentes sinceros que quieren servir al Señor, pero que sienten que no pueden a causa de fuerzas adversas que tratan de controlar sus instintos, impulsándolos a que actúen contrariamente a lo que enseñan las Escrituras. Junto a mi esposa, pudimos entender que a medida que la Cruz nos fuera revelada, las cadenas de opresión se quebrarían y las nubes de maldad que cubrían nuestra familia se disiparían. Si tan solo nos trasladábamos por un momento al lugar de la crucifixión, veríamos allí a Jesús colgado de un madero, soportando los dolores más agobiantes, casi indescriptibles, y haciéndolo todo por amor a nosotros.

Su pueblo lo había rechazado, la mayoría de sus discípulos lo habían abandonado, y cuando Él clamó a su Padre, confiando que su mano de misericordia estaría a su favor, el Padre le dio la espalda. Sabemos que esto debía suceder, porque Jesús tomó en la Cruz nuestro lugar. Por su propia voluntad cargó sobre sus hombros todos nuestros pecados y todas nuestras rebeliones, para poder salvarnos de la muerte eterna, porque anhelaba redimirnos, unirnos y hacernos uno con Él.

## EL MILAGRO DEL INTERCAMBIO

Por horas permaneció colgado en la Cruz. Cada inspiración respiratoria era una agonía, pues para lograrla debía apoyarse en uno de los clavos que había atravesado sus talones, y el dolor por la opresión de los tendones era insoportable. Sumado a esto, contrajo fiebre a causa de la infección producida por las heridas en todo su cuerpo. Su vida fue menguando poco a poco; su sangre, gota a gota iba cayendo a tierra. Allí permaneció hasta saber que su obra había sido consumada. Este cuadro de la crucifixión debe ser reproducido claramente en cada uno de nosotros para poder llegar a comprender que, en aquella Cruz, el Señor absorbió toda nuestra iniquidad y toda nuestra maldición, destruyéndola de una vez y para siempre. Cuando recibimos esta revelación, opera el milagro del intercambio. Esto significa que todo lo malo que nosotros hayamos sido es absorbido por el poder de la Cruz. Dios toma esa naturaleza, caracterizada de rebelde y pecadora, y la lleva sobre el cuerpo de su Hijo Jesucristo. Al darle a Él nuestra débil esencia, podemos recibir todos los beneficios de Jesucristo. Y tal como Él fue, así seremos nosotros en este mundo. Pablo entendió esta revelación claramente, por eso dijo: "No lo hago yo, sino el poder de Cristo en mí".

## IDENTIFICANDO LA MALDICIÓN

¿Cómo podemos distinguir si la bendición de Dios está con nosotros o si, en realidad, estamos cargando con algún tipo de maldición? Todo esto nos es revelado nada más ni nada menos que por la mismísima Palabra de Dios. El Dr. Derek Prince comparte siete pasos extraídos del capitulo 28 del libro de Deuteronomio, donde se ven los efectos de la maldición. A continuación, los exponemos:

- Desintegración mental y emocional. Cuando las personas pierden el equilibrio mental ante la presión emocional, saliéndose de control.
- Enfermedades repetidas o crónicas. El hecho de que una misma enfermedad se repita en madres, hijas, nietas, bisnietas, es una maldición.
- Abortos involuntarios o problemas femeninos relacionados con la procreación.
- Desintegración del matrimonio y enemistades familiares.
- Insuficiencia o escasez económica constante. Lo más increíble es que mucha gente gana un buen salario, pero nunca le alcanza el dinero; siempre está endeudada. Eso es un tipo de maldición.
- Predisposición a los accidentes. Hay personas que continuamente viven de accidente en accidente y no saben por qué.
- Historia de suicidios en la familia, o muertes por causas no naturales.

Si usted se identificó en alguno de estos puntos, debo informarle que hay una maldición en su vida. Y si existe una maldición, usted debe saber cómo romperla. Cuando Salomón dijo: "Nunca la maldición vendrá sin causa", nos estaba hablando de que el mal se manifiesta cuando existe un origen.

Lo más importante es identificar la existencia de alguna maldición. Mientras usted la ignore, el adversario estará ejerciendo control sobre su vida, pues su estrategia es mantenerse oculto, para poder hacer mayor daño.

*Idolatría*

"*Maldito el hombre que hiciere escultura o imagen de fundición, abominación a Jehová, obra de mano de artífice, y la pusiere en oculto. Y todo el pueblo responderá y dirá: Amén*" (Deuteronomio 27:15).

El ser humano es muy dado a venerar aquello que pueda tocar o palpar. Por esto fue cayendo en el engaño de la idolatría. Esta es la puerta que conduce a las personas a las prácticas ocultas, y esto, a su vez, es lo que lleva a que los corazones se endurezcan.

La idolatría, no sólo afecta a la persona, sino que acarrea maldición hasta cuatro generaciones (Éxodo 20:4-5). "*Dios es Espíritu; y los que le adoran, en espíritu y en verdad es necesario que adoren*" (Juan 4:24).

*Deshonra a los padres*

"*El que maldiga al padre o a la madre, muera irremisiblemente*" (Marcos 7:10b). "*Hijos, obedeced en el*

*Señor a vuestros padres, porque esto es justo. Honra a tu padre y a tu madre, que es el primer mandamiento con promesa; para que te vaya bien, y seas de larga vida sobre la tierra*" (Efesios 6:1-3).

Cuántos hijos, en algún momento, se sintieron airados contra sus padres y los ofendieron con palabras. Es importante que los padres aprendan a ejercer de una manera sabia la autoridad que Dios les ha dado. Ningún hijo debe sublevarse en contra de sus padres. Si lo ha hecho, lleve esas palabras a la Cruz y dígale al Señor: "Me arrepiento de esas palabras y anulo su efecto". Cuando usted no lo hace, muere espiritualmente. Por eso, mucha gente no puede prosperar, es como si tuviera una sombra de maldición.

También se debe tener muy presente que los suegros deben ser honrados, sin mirar su condición o pecado. Ellos son considerados como los segundos padres y merecen igual respeto, honra y exaltación, como si fuesen los padres directos.

### *Relaciones sexuales ilícitas*

*¿No sabéis que los injustos no heredarán el reino de Dios? No erréis; ni los fornicarios... ni los adúlteros, ni los afeminados, ni los que se echan con varones... heredarán el reino de Dios"(1 Corintios 6:9-10).*

Como acabamos de leer, Pablo presenta en su primera carta a los Corintios tres clases diferentes de pecado sexual; todos ellos abominables a los ojos de Dios.

En primer lugar, encontramos la fornicación. Esta palabra proviene del latín "formix" y del griego "porneia", que incluye las relaciones sexuales prematrimoniales.

En segundo lugar, observamos el adulterio. Éste se refiere a mantener relaciones sexuales extramatrimoniales, es decir, estando casado el hombre, o la mujer, o ambos. En último lugar, se encuentra la homosexualidad, que es la inclinación erótica hacia individuos del mismo sexo, así como la práctica de dicha relación.

Pablo, en el libro a los Gálatas 5:19-21, hace una lista de las obras de la carne:

1. **Pecados morales**: adulterio, fornicación, inmundicia y lascivia.
2. **Pecados religiosos**: idolatría y hechicería.
3. **Pecados sociales**: enemistades, pleitos, celos, iras, contiendas, disensiones, herejías, envidias y homicidios.
4. **Pecados de intemperancia o falta de dominio propio**: borracheras y orgías.
(Extraído del "Manual de Guerra Espiritual", de Ed Murphy, pág. 138).

Los cristianos deben vivir por la ley del amor, y esto sólo es posible por la obra del Espíritu Santo. Él es quien redarguye al pecador, conduce al creyente al genuino arrepentimiento y regenera el alma, porque Él se encuentra ligado al Padre y al Hijo.

### *Injusticia hacia los débiles*

*"Maldito el que redujere el límite de su prójimo. Y dirá todo el pueblo: Amén. Maldito el que hiciere errar al ciego en el camino. Y dirá todo el pueblo: Amén" (Deuteronomio 27:17-18).*

Una injusticia hacia los débiles es haber sacado provecho de cualquier persona que esté en una posición inferior a la nuestra. Si hacemos un recuento de nuestra historia familiar, podemos encontrar de pronto que nuestros abuelos se apoderaron de algunas tierras o de algunos animales injustamente, que quisieron pasarse de listos con sus vecinos, o circunstancias similares, y todo esto acarrea maldición.

El aborto también es considerado como injusticia contra seres indefensos, pues ellos aún no pueden expresar sus sentimientos.

Y podemos agregar el falso machismo, el maltrato a la esposa, y la injusticia contra los desprotegidos, mujeres viudas, inválidos, niños y ancianos.

*Confianza en la carne*

*"Así ha dicho Jehová: Maldito el varón que confía en el hombre, y pone carne por su brazo, y su corazón se aparta de Jehová. Será como la retama en el desierto, y no verá cuando viene el bien sino que morará en los sequedales en el desierto, en tierra despoblada y deshabitada. Bendito el varón que confía en Jehová, y cuya confianza es Jehová" (Jeremías 17:5-6).*

*"Estos confían en carros, y aquéllos en caballos; mas nosotros del nombre de Jehová tendremos memoria" (Salmos 20:7).*

Las personas tienen una tendencia natural a confiar en sus propias fuerzas y capacidades, mas lea lo que dice Proverbios 3:5-8. Dios se agrada en gran manera de aquellos que aprenden a depender totalmente de Él. Las personas que viven por fe no se apoyan en su propia lógica ni en su humana sabiduría, sino que toda su confianza está colocada plenamente en Dios.

*Robo*

*"No hurtarás" (Éxodo 20:15)*

El significado del hurto es muy claro. Consiste en retener los bienes ajenos contra la voluntad de sus dueños.

El hombre ha tenido esta actitud frente:

- a Dios
- al hombre y la sociedad
- y a la familia

El mismo día que Zaqueo tuvo su encuentro personal con Jesús, dijo: "*He aquí, Señor, la mitad de mis bienes doy a los pobres; y si en algo he defraudado a alguno, se lo devuelvo cuadruplicado. Jesús le dijo: Hoy ha venido la salvación a esta casa; por cuanto él también es hijo de Abraham*" (Lucas 19:8, 9). Zaqueo entendió que la restitución debía efectuarse con esfuerzo, y demostró un desprendimiento total de lo que antes era su ídolo, el dinero. El haber llevado a cabo la restitución le dio el derecho de ser llamado hijo de Abraham.

Un creyente puede incurrir en este pecado si se abstiene de cumplir con sus diezmos y ofrendas (Malaquías 3:8-11). Dentro del mismo cuerpo de Cristo, el creyente le ha robado a Dios lo que le pertenece. Siendo conocedor de la Palabra, debe saber que si no toma la determinación de cambiar su actitud, acarreará consecuencias desastrosas a su vida.

El hombre, por su naturaleza, tiene comportamientos equivocados que lo llevan al borde del fracaso. El ser humano roba a Dios, a la sociedad y a la familia por las siguientes razones:

- Malas inversiones
- Gastos extras (accidentes, secuestros, enfermedades)
- Vicios, pecado, sexo, juegos de azar

- Pereza e irresponsabilidad
- Ostentación

Restituir es dar más de lo que se ha tomado. Pero la restitución no solo pasa por lo monetario, también se debe restituir afecto, amor, comprensión, cuidados, tiempo, honra, respeto. Además, es obligación restituir la fama y el buen nombre.

Esta debe ser la actitud de todo cristiano que tiene un corazón agradecido y anhela cumplir con todo lo que la Palabra de Dios demanda, sabiendo que siempre se recogerá de aquello que se siembre.

### *Maldición que viene a través de los siervos de Dios*

Durante el tiempo en que Josué estaba conquistando la tierra de Canaán, una de sus batallas fue contra los gabaonitas. Se encontraba librando uno de los enfrentamientos más aguerridos cuando la noche ya comenzaba a caer y supo que no alcanzaría a derrotar a todos sus enemigos. En una actitud de fe, levantó su voz y dijo: "*Sol, detente en Gabaón; y tú, luna, en el Valle de Ajalón*" (Josué 10:12). Aunque sus palabras fueron muy pocas, estaban cargadas de fe y autoridad, e inmediatamente el sol se detuvo y la luna también. No hubo noche, o sea que, a pesar de que la hora así lo indicara, no se oscureció. Los enemigos no pudieron comprender por qué la noche no llegaba, y esto fue posible porque un hombre entendió el poder de las palabras, actuó en fe y Dios lo honró. Salomón dijo: "La muerte y la vida están en poder de la lengua, el que la ama comerá de sus frutos" (Proverbios 18:21).

*"En aquel tiempo hizo Josué un juramento, diciendo: Maldito delante de Jehová el hombre que se levantare y reedificare esta ciudad de Jericó" (Josué 6:26).*

Cuando los siervos de Dios desatan una maldición, producen tremendos efectos, ya que ellos tienen una autoridad incalculable. Josué, al pronunciar estas palabras sobre Jericó, desató una maldición sobre cada persona que se atreviera a quebrantar el mandato que él había dado. Quinientos años después, se dio cumplimiento exacto a esta palabra profética.

### *Maldición proferida por los padres*

*"Y despertó Noé de su embriaguez, y supo lo que le había hecho su hijo más joven, y dijo: Maldito sea Canaán; siervo de siervos será a sus hermanos" (Génesis 9:24-25).*

Aquí podemos observar cómo una maldición de parte de los padres trunca el futuro de sus hijos en los hogares, así como su capacidad intelectual, su desempeño profesional, su mundo afectivo y el área de sus finanzas.

Lamentablemente, muchos padres no entienden que sus palabras son proféticas, y usan expresiones que marcan de manera negativa a sus hijos. Por eso deben tener extremo cuidado en cómo los tratan. Tome la decisión de que a partir de hoy cada palabra que exprese hacia sus hijos será de edificación, de motivación y de consolación.

### *Maldición proferida por siervos de Satanás*

Si se tuvo la costumbre de visitar brujos, hechiceros, mentalistas, espiritistas, curanderos o adivinos, sepa que toda palabra que salió de la boca de ellos estaba cargada de maldición hacia la persona que consultaba su presente y su futuro, o el de su familia.

*"No sea hallado en ti quien haga pasar a su hijo o a su hija por el fuego, ni quien practique adivinación, ni agorero, ni sortílego, ni hechicero, ni encantador, ni adivino, ni mago, ni quien consulte a los muertos. Porque es abominación para con Jehová cualquiera que hace estas cosas, y por estas abominaciones Jehová tu Dios echa estas naciones de delante de ti" (Deuteronomio 18:10).*

### *Maldiciones por medio de palabras auto-conferidas*

*"Te has enlazado con las palabras de tu boca, y has quedado preso en los dichos de tus labios" (Proverbios 6:2).*

Las personas usan a diario un lenguaje de pesimismo, negativismo y enfermedad. Se atan con sus propias palabras; luego se ven las consecuencias en su propia vida emocional, espiritual, financiera y física.

Son muy comunes los pactos realizados entre mujeres y hombres. Dichos pactos pueden enlazarlos hasta la muerte, sin haber sido conscientes de las consecuencias de sus palabras cuando activaron el pacto. El hombre será condenado o justificado por lo que salga de su boca. Como lo expresa Mateo 12:36-37, "*Mas yo os digo que de toda palabra ociosa que hablen los hombres, de ella darán cuenta en el día del juicio. Porque por tus palabras serás justificado, y por tus palabras serás condenado*".

### *Maldición por culpas ajenas*

*"Y su madre respondió: Hijo mío, sea sobre mí tu maldición; solamente obedece a mi voz y vé y tráemelos" (Génesis 27:13).*

Pensemos aquí sobre todo en los padres, quienes por querer que sus hijos no sufran, profieren sobre sí mismos todo tipo de maldición de enfermedad, ruina, aflicción, muerte, etc., como si esto librara a sus hijos del mal.

*"Los padres no morirán por los hijos, ni los hijos por los padres; cada uno morirá por su pecado" (Deuteronomio 24:16).*

CAPÍTULO 8

# ¿Cómo ser libres de la maldición?

*"Como el gorrión en su vagar, y como la golondrina en su vuelo, así la maldición nunca vendrá sin causa" (Proverbios 26:2).*

Todos podemos ser víctimas de la maldición si ignoramos lo que Dios tiene para nosotros, o bien receptores de las bendiciones divinas, si escuchamos la voz del Señor, guardamos su Palabra y la ponemos por obra.

Al mirar a nuestro alrededor, podemos ver los efectos de la maldición, ya sea en la vida de las personas que nos rodean o aún en nuestra propia familia. Esto se debe a que todos nos descarriamos como ovejas y cada uno escogió su propio camino. Más, con el fin de redimirnos, Dios puso la carga de nuestros pecados sobre los hombros de su Hijo Jesucristo. Cuando Jesús llegó a la Cruz del Calvario, cargaba sobre sí todo el espectro de la maldición humana.

El profeta Isaías dijo: "*Desde la planta del pie hasta la cabeza no hay en él cosa sana, sino herida, hinchazón y podrida llaga; no están curadas, ni vendadas, ni suavizadas con aceite*" (Isaías 1:6). No existe mayor muestra de amor que la que nos dio el Señor a través del sacrificio de su único Hijo. Todo aquel que pueda entender esta enseñanza y se entregue a Jesús de todo corazón, será testigo del gran milagro que Dios obrará en su vida. Él tomará cada maldición que pesaba sobre usted y la pondrá sobre el cuerpo de Jesús.

El apóstol Pablo tuvo la revelación de la Cruz y llegó a vivenciarla, por eso dijo: "*Cristo nos redimió de la maldición de la ley, hecho por nosotros maldición (porque está escrito: Maldito todo el que es colgado en un madero)*" (Gálatas 3:13). Sería prácticamente imposible que Pablo hubiera escrito esto, sin haber pasado primero por esta experiencia.

## JESÚS NOS DIO VICTORIA SOBRE LA MUERTE

En Lucas 16:19-24, Cristo relata lo siguiente: "*Había un hombre rico, que vestía de púrpura y de lino fino, y hacía cada día banquete con esplendidez. Había también un mendigo llamado Lázaro, que estaba echado a la puerta de aquél, lleno de llagas, y ansiaba saciarse de las migajas que caían de la mesa del rico; y aun los perros venían y le lamían las llagas. Aconteció que murió el mendigo, y fue llevado por los ángeles al seno de Abraham; y murió también el rico, y fue sepultado. Y en el Hades alzó sus ojos, estando en tormentos, y vio de lejos a Abraham, y a Lázaro en su seno. Entonces él, dando voces, dijo: Padre Abraham, ten misericordia de mí, y envía a Lázaro para que moje la punta de su dedo en agua, y refresque mi lengua; porque estoy atormentado en esta llama*". En este pasaje se ve claramente cómo Lázaro y el hombre rico, habiendo muerto, eran conscientes y podían ver todo en derredor. En las Escrituras se hace mención a tres tipos de muerte:

- Muerte espiritual
- Muerte física
- Muerte eterna (o muerte segunda)

La verdadera muerte es la espiritual, no la física. La muerte física es una consecuencia de la muerte espiritual. La primera muerte que sufrió el hombre fue la espiritual, lo cual significó su separación de Dios. Cuando Dios le advirtió que no comiera del árbol del bien y del mal, porque si lo hacía, moriría, se refería específicamente a la muerte espiritual. Estar muerto espiritualmente nos lleva a tener la naturaleza de Satanás. Contrariamente, si recibimos a Cristo como nuestro Salvador personal, adquirimos inmediatamente la naturaleza de Dios.

Cuando Adán y Eva desobedecieron al Señor y escucharon la voz de Satanás, se convirtieron en hijos de este último, entrando su maligno poder en la naturaleza y en el espíritu humano. En Génesis vemos cómo se manifiesta la naturaleza pecaminosa en la raza humana. Caín mató a Abel; y el primer nieto de Adán y Eva se llamó Enós, que quiere decir "mortal o débil". Por ello, el hombre se encontró unido al enemigo, desterrado, separado de Dios, respondiendo sólo a su mala naturaleza y a su amo, el diablo. Para acabar con eso, el hombre debió nacer de nuevo y alcanzar la salvación; debió restaurar su relación con Dios. Pero él solo no lo pudo hacer. Por eso Cristo entró en escena, para rescatar lo que se había perdido. Él se hizo maldición y llegó hasta la muerte, para salvarnos de la condenación eterna. "Mas ha pasado de muerte a vida" (Juan 5:24). Jesús vino a redimirnos de la maldición espiritual, y consecuentemente ahora usted puede llamar a Dios, Abba Padre.

## JESÚS NOS DIO SANIDAD

Durante su vida ministerial, el Señor Jesús sanaba a todos los enfermos: "*Y le siguió mucha gente, y sanaba a todos*" (Mateo 12:15). La unción sobre su vida era tan evidente que toda la gente procuraba tocarlo: "*Y le rogaban que les dejase tocar solamente el borde de su manto; y todos los que lo tocaron, quedaron sanos*" (Mateo 14:36).

Otra escritura nos dice: "*Y cuando llegó la noche, trajeron a él muchos endemoniados; y con la palabra echó fuera a los demonios, y sanó a todos los enfermos; para que se cumpliese lo dicho por el profeta Isaías, cuando dijo: él mismo tomó nuestras enfermedades, y llevó nuestras dolencias*" (Mateo 8:16-17).

Tengo la plena certeza de que todo aquel que desea obtener un milagro, lo podrá conquistar a través de la revelación de la Cruz. He podido ver más personas sanadas y liberadas por entender esta revelación que por cualquier otro mensaje. Lo impactante de la revelación de la Cruz es que, aunque sucedió dos mil años atrás, es como si hubiera ocurrido hoy mismo. Recordemos que en el plano espiritual no existe el tiempo ni el espacio, todo está en estado eterno. Dios permitió que los profetas de la antigüedad anticiparan las palabras que Jesús pronunciaría cuando estuviera colgado del madero.

Del mismo modo, si nosotros pudiéramos entrar en el plano espiritual, Dios tomaría también nuestro espíritu y lo uniría al Espíritu de Cristo, revelándonos las victorias conquistadas por Él a través de su redención. Si usted pudiera, en un acto de fe, ir hasta la Cruz del Calvario y dejar allí todas sus cargas, preocupaciones y angustias, experimentaría, de ahora en más, un nuevo comienzo lleno de paz y bendición.

Cuando alguien está lejos de Dios, el enemigo encuentra puertas abiertas para atacarlo físicamente. Usted, como hijo del Altísimo, no puede aceptar la enfermedad, ni en su cuerpo ni el cuerpo de ninguno de sus familiares. Mi madre, que tiene 83 años de edad y hoy goza de muy buena salud, cada vez que iba a visitar al médico, regresaba deprimida y triste. Cierto día le dije: "Seguro que estuviste hoy en lo del médico". Me respondió afirmativamente, contándome: "Me encontró tan mal... " Y antes de que continuara, le contesté: "Madre, mi Médico divino dice que no estás mal, que toda enfermedad y dolencia, Él la llevó sobre su cuerpo en la Cruz del Calvario, y que por su llaga tú has sido curada". Luego oré por ella, e inmediatamente el malestar que sentía desapareció de su cuerpo.

## LA UNCIÓN DE DIOS PARA MI HIJA MANUELA

Un día, cuando mi segunda hija, Manuela, tenía nueve años, yo recibí un llamado de mi suegra al finalizar una de las reuniones dominicales. Manuela había estado hospedándose con sus abuelos durante el fin de semana, y el llamado era para comunicarnos que la niña se encontraba muy enferma. Inmediatamente la llevamos al hospital. Al realizarle los exámenes, los médicos descubrieron que tenía artritis juvenil degenerativa y dijeron que debían dejarla hospitalizada. Pero yo sabía que por ser un hijo de Dios ningún mal podía tocar a ningún miembro de mi familia. Sostuve a Manuelita entre mis brazos y le dije: "Hija, voy a orar por ti, y sé que Dios te va a sanar". Luego impuse mis manos sobre ella y reprendí el espíritu de enfermedad en el Nombre de Jesús. Después de implorar por ella, el cuerpo de mi hija volvió a su estado normal. Al día siguiente vinieron a examinarla nueve médicos, incluyendo una doctora que es una eminencia en Bogotá respecto de esta clase de enfermedades. Ninguno de ellos podía comprender lo que había sucedido, ya que los exámenes declaraban una cosa pero la reacción del cuerpo de la niña demostraba que no tenía absolutamente nada.

Luego, Dios me guió a darle una palabra profética a mi hija diciéndole: "Manuelita, quiero que sepas que el Señor te sanó porque Él ha impartido a tu vida una unción de sanidad y milagros. Te usará de una manera tan poderosa que llenarás los estadios más grandes. Miles de personas vendrán, les ministrarás, y ellos verán milagros. El Señor te dará palabra de conocimiento, te revelará las sanidades que Él está operando, porque el mal quiso tocarte pero Dios se levantará a través de ti para quebrantar el mal de muchas vidas". En la actualidad, Manuelita es la líder de danzas de la iglesia. Tiene el don para enseñar la Palabra, ha logrado levantar un precioso grupo de líderes que son sus discípulos y, además, tiene el don de la fe. Debemos entender que todo lo que el enemigo piensa para nuestro mal, el Señor lo transforma en bien.

## JESÚS SE LLEVÓ LA CRISIS EMOCIONAL

Cuando Dios creó al ser humano, incorporó en él las emociones y los sentimientos. Sabemos que a causa del pecado, el adversario vino de manera muy astuta a herir a las personas en lo más profundo de sus corazones, usando a aquellos que más cerca suyo se encuentran, provocando heridas aún mayores.

Muchas han sido causadas en la niñez, por algún familiar muy cercano, quien dejó una huella que en muchos casos ha sido imposible de borrar aún con el transcurso del tiempo. En algunos casos, esa marca ha sido tan profunda, que afectó el rumbo de la vida de quien fue víctima de ella.

Jesús dijo: "*Venid a mí todos los que estáis trabajados y cargados, y yo os haré descansar. Llevad mi yugo sobre vosotros, y aprended de mí, que soy manso y humilde de corazón; y hallaréis descanso para vuestras almas; porque mi yugo es fácil, y ligera mi carga*" (Mateo 11:28-30).

David dijo: "*Hubiera yo desmayado, si no creyese que veré la bondad de Jehová En la tierra de los vivientes*" (Salmo 27:13).

En general, la persona que está atravesando por un momento de crisis emocional es embargada por una profunda tristeza, y no logra quitar de su mente la aflicción. Si tan solo pudiese comprender que Jesús experimentó exactamente lo mismo que ella para obtener su total liberación, dejaría esa carga al pie de la Cruz. Jesús, desde allí oró diciendo: "*Ten misericordia de mí, oh Jehová, porque estoy en angustia; se han consumido de tristeza mis ojos, mi alma también y mi cuerpo. Porque mi vida se va gastando de dolor, y mis años de suspirar; Se agotan mis fuerzas a causa de mi iniquidad, y mis huesos se han consumido. De todos mis enemigos soy objeto de oprobio, Y de mis vecinos mucho más, y el horror de mis conocidos; los que me ven fuera huyen de mí*"

(Salmo 31:9-11).

## JESÚS NOS DIO VICTORIA SOBRE LAS FINANZAS

Al Señor le tomó cinco días, durante la creación, preparar con lujo de detalles todo lo que el hombre iba a necesitar, ya que anhelaba que él no tuviera falta de ningún bien. Dios fue tan generoso que en la misma creación preparó la provisión para las generaciones venideras. Vemos que en el planeta tierra hay suficientes recursos naturales para que cada persona pueda vivir como un rey.

Toda esta prosperidad se vio afectada a causa del pecado del hombre. Pero en la Cruz del Calvario, Jesús llevó sobre sus sienes toda la ruina y la miseria que había flagelado por siglos a la humanidad. La bendición completa de Dios fue reservada para la simiente de Abraham, mas Jesús adquirió ese derecho legal y vino a ser el poseedor de esa gran herencia. Hoy, la comparte con aquellos que han decidido rendir sus vidas plenamente a Él.

Debemos saber que nosotros, por medio de la fe en Jesús, también podemos adquirir el derecho legal de participar de esa misma herencia.

*"Envió su palabra, y los sanó, y los libró de su ruina" (Salmo 107:20).*

*"Porque ya conocéis la gracia de nuestro Señor Jesucristo, que por amor a vosotros se hizo pobre, siendo rico, para que vosotros con su pobreza fueseis enriquecidos" (2 Corintios 8:9).*

*"Mi Dios, pues, suplirá, todo lo que os falta conforme a sus riquezas en gloria en Cristo Jesús" (Filipenses 4.19).*

## JESÚS ES LA SOLUCIÓN A LA CRISIS FAMILIAR

Sabemos que, en la actualidad, la crisis familiar se ha acentuado en muchos hogares. La mayoría de los padres no saben de qué manera responder a esta situación.

Pero hoy quiero alentarlo, diciéndole que en la Palabra de Dios encontramos cada una de las respuestas que necesitamos.

*"Maldito el fruto de tu vientre, el fruto de tu tierra, la cría de tus vacas, y los rebaños de tus ovejas. Maldito serás en tu entrar, y maldito en tu salir"(Deuteronomio 28: 18-19). "Hijos e hijas engendrarás, y no serán para ti, porque irán en cautiverio"(Deuteronomio 28:41).*

Estos versículos mencionados describen la situación que viven muchos hogares. A los padres les cuesta relacionarse con sus hijos, muchos dicen que se sienten como si sus hijos fueran personas extrañas; y los hijos se encuentran resentidos por la mala relación que han tenido con sus padres.

*"He aquí, yo os envío el profeta Elías, antes que venga el día de Jehová, grande y terrible. Él hará volver el corazón de los padres hacia los hijos, y el corazón de los hijos hacia los padres, no sea que yo venga y hiera la tierra con maldición"(Malaquías 4:5, 6).*

La promesa dada por Dios es que, a pesar de la crisis familiar que se vivirá en los últimos días, Él traerá una unción de restauración familiar. En ella, los hijos perdonarán a los padres, los padres se volverán a sus hijos; los cónyuges también se perdonarán, dándose algunos de ellos una nueva oportunidad. Esta es la unción que estamos viendo manifestarse en la actualidad.

Aquellos que han tenido la oportunidad de asistir a un Encuentro, habrán experimentado que la unción que allí se manifiesta es la del perdón. El secreto de los Encuentros es la revelación de la Cruz. Cuando esta revelación ha iluminado nuestra alma, es cuando empieza a alumbrar la luz de la reconciliación. "*Que Dios estaba en Cristo reconciliando consigo al mundo, no tomándoles en cuenta a los hombres sus pecados, y nos encargó a nosotros la palabra de la reconciliación*" (2 Corintios 5:19).

### *Reconciliación*

Para que la reconciliación sea efectiva, lo primero que tiene que hacer cada creyente es tener un tiempo de quietud en la presencia de Dios. Contemplar el esplendor de la Cruz y llevar allí todas las ofensas, rencores, heridas emocionales y deseos de venganza. Luego, debe tomar la decisión de trasmitir un perdón genuino, el cual debemos otorgar no porque las personas lo merezcan, sino porque eso fue lo que Dios hizo por cada uno de nosotros. Él nos perdonó sin que lo mereciéramos y lo hizo con inmenso amor. Dijo también de una manera muy clara que si perdonaban, serían perdonados. Y los Encuentros son el medio que Dios usa para ayudarnos a dejar todas esas cargas de opresión al pie de la Cruz.

CAPÍTULO 9

# El poder de la Bendición

*"Para que en Cristo Jesús la bendición de Abraham alcanzase a los gentiles, a fin de que por la fe recibiésemos la promesa del Espíritu. Hermanos, hablo en términos humanos: Un pacto, aunque sea de hombre, una vez ratificado, nadie lo invalida, ni le añade. Ahora bien, a Abraham fueron hechas las promesas, y a su simiente. No dice: Y a las simientes, como si hablase de muchos, sino como de uno: Y a tu simiente, la cual es Cristo"(Gálatas 3:14-16).*

*"Y si vosotros sois de Cristo, ciertamente linaje de Abraham sois, y herederos según la promesa" (Gálatas 3:29).*

Desde el momento en que Dios entró en pacto con Abraham, lo extendió a toda su descendencia. Este hombre agradó tanto el corazón de Dios, que le plació al Señor bendecir a través de él a todas las naciones de la tierra. Aunque él no tenía hijo, por causa de su fe, Dios lo hizo padre de naciones.

Dios bendijo a Abraham, dándole descendencia y la unción de la multiplicación. Le declaró la promesa que: "*Y te multiplicaré en gran manera, y haré naciones de ti, y reyes saldrán de ti*" (Génesis 17:6)

La bendición de Abraham pasó a su hijo Isaac. El Señor le dijo a Abraham: "En tu simiente serán benditas todas las naciones de la tierra". Isaac transmitió la bendición a Jacob; y Jacob, a los patriarcas. Podemos ver que la bendición de Abraham, descendió primero a Isaac, y luego a Jacob, en ese mismo orden genealógico.

Es muy importante entender la línea de bendición que el Señor establece. La línea genealógica de Abraham continúa hasta llegar al Mesías, llamado el Cristo. Pablo comenta que Jesús es la simiente, o sea, Él es el verdadero linaje de Abraham, razón por la cual toda la bendición de Abraham recae sobre Jesús, como su simiente. Y Pablo añade que nosotros, por ser de Cristo, somos bendecidos con la misma bendición de Abraham.

## ¿PARA QUIÉN ES LA BENDICIÓN?

Según la tradición de los judíos, el primogénito era quien tenía derecho de heredar la bendición. En la familia de Isaac y Rebeca, Dios los había bendecido con gemelos. Isaac pensó que el derecho de primogenitura debería recaer sobre el primero que había nacido; mientras que Rebeca se había inclinado por Jacob, el segundo en salir del vientre de su madre. Podríamos preguntarnos qué fue lo que sucedió para que la bendición no recayera sobre el mayor, dado que éste tenía el derecho legal por su primogenitura. La respuesta es sencilla, Dios no puede ser burlado; y todo lo que el hombre sembrare, eso también segará. Cuando Esaú era joven, no supo valorar su primogenitura, y se la vendió a su hermano por un plato de lentejas (Génesis 25:32-34). Además, se había rebelado contra todas las normas establecidas por Dios para la familia y, por el solo hecho de mortificar a sus padres, tomó por esposas a mujeres paganas. "*Y cuando Esaú era de cuarenta años, tomó por mujer a Judit hija de Beeri heteo, y a Basemat hija de Elón heteo; y fueron amargura de espíritu para Isaac y para Rebeca*" (Génesis 26:34-35). Podemos decir que, por cuanto Esaú desechó la Palabra de Dios, Dios lo desechó a él en cuanto a ser el padre del pueblo de Israel. Esta fue la razón por la que Dios amó a Jacob y aborreció a Esaú. Esaú pasó a ser el prototipo del hombre mundano, rebelde y profano. Por otro lado, encontramos a Jacob que, aunque tenía muchas debilidades, logró apoyarse y confiar en Dios. Y el Señor lo honró permitiendo que a través de él se establecieran las doce tribus de Israel.

## UNA SOLA BENDICIÓN

Jacob representa el hombre espiritual; mientras que Esaú representa la fuerza humana. Uno cuenta con la gracia de Dios en todo lo que hace. El otro pretende conseguir todo con sus propias fuerzas.

Isaac bendijo a Jacob creyendo que era Esaú, y le dijo: "*El olor de mi hijo es como el de un campo bendecido por el Señor. Que Dios te conceda el rocío del cielo. Que de la riqueza de la tierra te dé trigo y vino en abundancia. Que te sirvan los pueblos, que ante ti se inclinen las naciones, que seas señor de tus hermanos, que ante ti se inclinen los hijos de tu madre. Maldito sea el que te maldiga, y bendito el que te bendiga*" (Génesis 27:27 NVI). Podemos apreciar que esta era una bendición integral, donde todos los aspectos, tanto físicos, económicos, familiares, empresariales y espirituales estaban incluidos.

La bendición se ve reflejada:

- *En la ropa*. "El olor de mi hijo es como el de un campo bendecido por el Señor...". Las riquezas de la tierra nos pertenecen, por cuanto somos hijos de Dios.

- *En la provisión*. Dios le bendice con trigo y con vino en abundancia. Esto nos habla de satisfacción, de lo exquisito, de la excelencia que debe haber dentro de los hogares.

- *En la honra*. "Que te sirvan los pueblos". Dios nos coloca en un lugar de honra, dándonos autoridad aún sobre las naciones. Dios nos proporcionará esa gracia para poder influenciar a familias y naciones enteras.

Después de enterarse que su hermano, astutamente, se había apropiado de su bendición, Esaú le dice: "*No hay problema papá, dame otra bendición*". A lo que su padre responde: "*Hijo, no hay sino una sola bendición*".

Dios no tiene dos bendiciones; es solo una. Usted puede tomarla o dejarla. Si decide creer, servir al Señor y apropiarse de la bendición, o decide renunciar y rechazarla. Pero Dios no tiene dos bendiciones.

Cuando el padre le dijo: "*No hay otra bendición*", Esaú sintió que el piso se le movía; perdió la esperanza y lloró amargamente. En ese momento reconoció la locura que había cometido, y le dijo: "*Pues, padre, dame otra bendición*". Y esta fue la bendición que le transmitió Isaac: "*Vivirás lejos de las riquezas de la tierra, lejos del rocío que cae del cielo. Gracias a tu espada vivirás y servirás a tu hermano. Pero cuando te impacientes, te librarás de su opresión*". ¡Qué tremenda esa bendición! "*Vivirás lejos de las riquezas. Siempre estarás trabajando y buscándolas inconstantemente, y éstas no llegarán. Y todo lo que consigas será por tu esfuerzo*" (Génesis 27:39 NVI).

La espada representa el esfuerzo del hombre. Muchos, por las presiones económicas, se vuelven esclavos del trabajo. Dios creó al hombre para que gobierne las circunstancias, no para que las circunstancias lo gobiernen a él. Cuando esto sucede, surge una descompensación, y los resultados son fatales.

## LA BENDICIÓN TODAS LAS ÁREAS

*"Por eso quebrantó con el trabajo sus corazones, cayeron y no hubo quien los ayudase. Luego que clamaron al Señor en su angustia, los libró de sus aflicciones, los sacó de las tinieblas y de sombra de muerte y rompió sus prisiones. Alaben la misericordia del Jehová y sus maravillas para con los hijos de los hombres" (Salmos 107:12-15).*

Dios nos quiere bendecir con el trabajo de nuestras manos, pero primero desea poner en orden nuestra vida, para que podamos disfrutar de toda su prosperidad. Los primeros años de matrimonio, vivimos con un presupuesto bastante apretado; para poder obtener algo teníamos que clamar fuertemente en intercesión. Aunque trabajaba con todas mis fuerzas, los recursos eran bastante limitados. Combinaba la parte pastoral con dos trabajos en el campo secular, y si quería algo extra, el trabajo se sumaba, y el resultado no era satisfactorio. Pero llegó el día en que Dios me dio una palabra, que fue lo que originó el cambio total en mi vida y ministerio: "Preocúpate por servirme que yo me ocuparé de tus necesidades". O, ¿acaso habrá un amo más excelente que el Señor? ¿O una empresa mejor que la suya?

"Todo lo que necesites, Yo te lo daré". Desde ese día, decidí servir al Señor con todo mi corazón. Renuncié a los otros empleos y me concentré en el ministerio. Al dar aquel paso, la bendición de Dios comenzó a venir sobre nuestra vida. Desde ese momento, empezamos a ver la prosperidad en todas las áreas; los cielos se abrieron y las cosas empezaron a llegar con mucha más facilidad.

## LA BENDICIÓN Y LA PERSEVERANCIA

Aunque Jacob había recibido la bendición de su padre, tuvo que librar muchas batallas antes de que ésta se concretara en su vida. La experiencia más grande la obtuvo en una de sus noches más angustiosas, cuando supo que su hermano Esaú venía cabalgando a su encuentro, y que traía consigo cuatrocientos hombres armados. Jacob sabía que las intenciones de su hermano no eran buenas, que aquel tenía una sola cosa en mente, destruir a Jacob, a sus mujeres y a sus hijos, arrasando con todo lo que tenía. Esto lo llevó a clamar a Dios con toda su alma. Esa noche, en oración, luchó con el Ángel de Jehová, y pudo ver su rostro. El rostro del Ángel es la bendición. Mientras lo observaba, la bendición iba cambiando la maldición. Jacob quitó los ojos de las circunstancias y empezó a mirar a través del Ángel cómo la maldición era cambiada en bendición. A través de su rostro pudo visualizar lo que Dios estaba haciendo en su favor, pudo darse cuenta que el corazón de su hermano era transformado, y que sus pensamientos eran renovados; pudo creer que se volvía una persona afable, familiar y amigable. Él miró la bendición y, cuando terminó de orar, supo que la bendición ya estaba con él.

Cuando su hermano llegó a su encuentro, ya había cambiado, porque la bendición tocó a su hermano. Mientras él iba cabalgando, lleno de ira, los demonios que lo incitaban al odio y le decían "Tienes que matarlo, tienes que acabarlo, tienes que arrasarlo", fueron atados por el Ángel. Todo esto sucedía mientras Jacob estaba visualizando. Y apenas fueron atadas las fuerzas del mal, vinieron los ángeles trayendo pensamientos positivos y de vida sobre Esaú: "Pero, ¿por qué habría de matarlo si es mi hermano, si en verdad yo lo amo? Y no lo he visto en tanto tiempo, ni he conocido a sus mujeres ni a sus hijos. No, yo no puedo cometer semejante locura". Esaú cambió mientras estaba cabalgando, en un solo momento, porque Jacob entendió el poder de la bendición.

## LA BENDICIÓN CAMBIA LAS CIRCUNSTANCIAS

Ese es el poder que transforma las circunstancias, convirtiendo lo más caótico y difícil en la más grande bendición. Todo lo que Jacob había visualizado, al día siguiente lo estaba viviendo; tal como él lo había visto en fe. Jacob le dijo a Esaú: "Vi tu rostro como el rostro de Dios". Por ello, llamó Jacob a ese lugar Peniel, porque dijo: "Vi a Dios cara a cara, y fue librada mi alma". Peniel significa "ver el rostro de Dios". Cuando Jacob se encontró con su hermano, le dijo: "Vi tu rostro", igual a la experiencia de Peniel, como el rostro de Dios.

Lo que él vivió en la noche de oración, fue lo que experimentó al día siguiente.

Es decir, que cuando estamos frente a una situación bien difícil, a una situación que parece sin solución, si enfocamos nuestra mirada en las circunstancias, la maldición nos alcanzará, mas si observamos al Señor, la bendición cambiará la maldición. La bendición siempre está por encima de la maldición, como la luz está por encima de la oscuridad. Cuando llega la luz, la oscuridad desaparece. Cuando llega la bendición, la maldición se va. Cuando llega el calor, el frío se va.

Si por años ha vivido bajo maldición, Dios le dará luz en este mismo instante para que sea libre de toda clase de opresión.

## LA BENDICIÓN DE DIOS ES INTEGRAL

Juan lo expresó de la siguiente manera: "Amado, yo deseo que tú seas prosperado en todas las cosas, y que tengas salud, así como prospera tu alma" (3 Juan 2).

La bendición incluye:

- La prosperidad económica.
- La salud física.
- La prosperidad espiritual.

Hoy usted puede experimentar la rica y abundante bendición del Padre. Si tan solo se compromete con Dios, Dios se comprometerá con usted. ¿Que le dijo el Señor a Abraham? "Estableceré mi pacto entre mí y ti, y tu descendencia después de ti".

Dios es un Dios de pactos y hace realidad aquello que promete.

## EFECTOS DE UNA MALDICIÓN

(De acuerdo al Salmo 109, versículos 6 al 18)

- Será controlado por el mal. "Pon sobre él al impío, y Satanás esté a su diestra".
- Será condenado. "Cuando fuere juzgado, salga culpable".

- Dios no lo escuchará. "Y su oración sea para pecado".
- Sus días se acortarán. "Sean sus días pocos; tome otro su oficio".
- Su familia quedará desamparada. "Sean sus hijos huérfanos, y su mujer viuda. Anden sus hijos vagabundos, y mendiguen; y procuren su pan lejos de sus desolados hogares".
- Nadie le hará misericordia. "Que el acreedor se apodere de todo lo que tiene, y extraños saqueen su trabajo. No tenga quien le haga misericordia, ni haya quien tenga compasión de sus huérfanos".
- Su posteridad sea destruida. "En la segunda generación sea borrado su nombre".
- Dios recordará la maldad de sus padres. "Venga en memoria ante Jehová la maldad de sus padres, y el pecado de su madre no sea borrado. Estén siempre delante de Jehová, y él corte de la tierra su memoria".
- Le sobrevendrá la maldición, a causa de haberla amado. "Y no quiso la bendición, y ella se alejó de él. Se vistió de maldición como de su vestido, y entró como agua en sus entrañas, y como aceite en sus huesos".

## BENEFICIOS DE LA BENDICIÓN

(De acuerdo al Salmo 109, versículos 6 al 18)

- Será protegido por Dios. "Pon sobre él al Espíritu Santo y Jesucristo esté a su diestra".
- Será declarado inocente. "Que salga victorioso cuando fuere juzgado".
- Dios lo escuchará. "Y su oración sea para justicia".
- Serán prolongados sus días. "Sean sus días largos sobre la tierra; tenga quien le ayude en sus oficios".
- Su familia será protegida. "Disfruten los hijos a sus padres, y su mujer se deleite con su marido. Sirvan sus hijos en el ministerio, y bendigan a otros. Que sus ministerios se extiendan lejos aun a los lugares más remotos de la tierra".
- Hallará gracia ante los ojos de Dios y de los hombres. "Que el Señor bendiga todo lo que tiene, y guarde todo el producto del trabajo de sus manos".
- Su posteridad será edificada, hasta mil generaciones, pues en memoria eterna será su nombre.
- Dios no recordará la maldad de sus padres. "No venga en memoria ante Jehová la maldad de sus padres, y el pecado de su madre sea borrado. Y él honre en la tierra la memoria de ellos".
- Le sobrevendrá bendición, porque la amó. "Y no quiso la maldición, y ella se alejó de él. Se vistió de bendición como de su vestido, y entró como agua en sus entrañas, y como aceite en sus huesos.

## CAPÍTULO 10

# Teniendo victoria sobre el adversario

*"Porque ¿Cómo puede alguno entrar en la casa del hombre fuerte, y saquear sus bienes, si primero no le ata? Y entonces podrá saquear su casa. El que no es conmigo, contra mí es; y el que conmigo no recoge, desparrama"(Mateo 12:29).*

Debemos ser concientes de que mientras estemos en este mundo, estaremos luchando contra fuerzas adversas de maldad que operan en los aires. Dios nos ha permitido habitar en un mundo en que el enemigo trata de sembrar terror en la vida de las personas para que éstas no avancen. Pero nuestro Señor nos ha revestido de una fuerza interna poderosa que es el espíritu de conquista. Nosotros no debemos asustarnos ante el rugido del león, ni espantarnos ante las presiones que vienen a nuestra vida.

Un día fui a visitar a un amigo a su casa. Los primeros en salir a recibirme fueron dos perros dobermans, los cuales actuaban de manera muy violenta. Lo único que me distanciaba de ellos era una delgada cuerda de alambre, pero ellos no se acercaban a ella. Al encontrarme con mi amigo le pregunté: ¿Porque los perros no se atreven a cruzar la cerca? Y su respuesta fue: "Porque toda la cerca tiene corriente y esto es los que los detiene". Mientras él decía esto yo pensé: Lo mismo sucede en el mundo espiritual.

A veces la presión del enemigo se percibe tan cerca, hasta pareciera que podemos sentir su rugido, pero debemos saber que no nos pueden hacer daño, pues hay una cerca espiritual, la cual nos protege y ningún demonio puede traspasar. Si intentaran hacerlo, el poder de Dios los derribara; pues aunque a Dios no lo vemos, su presencia va con nosotros protegiéndonos de todo mal.

Gracias a su obra redentora en la Cruz del Calvario, Jesús trazó y abrió un camino para que anduviéramos en él, pero depende de nosotros transitar por esa senda de bendición. Debemos entender que en esta guerra vencemos al adversario, o él tratará de vencernos a nosotros.

Hay algunos pasos que debemos conocer para poder vencer al enemigo:

## ATAR AL HOMBRE FUERTE

El Señor enseñó este principio: "Nadie puede entrar en la casa de un hombre fuerte y saquear sus bienes si primero no le ata". La manera de debilitar la fuerza del enemigo, en cualquier guerra, es atar al hombre fuerte. Cuando éste se ata es cuando se puede saquear su casa. Satanás sabe que cualquier persona que conozca estos principios espirituales, y los use, lo vencerá. Debe entender que vencer al hombre fuerte no significa que estaremos erradicando el mal del mundo entero; sabemos que esto lo hará el Señor Jesús. Pero al desenmascararlo, quitamos la influencia del mal de nuestra vida, la familia, los negocios, las finanzas, la ciudad y la nación.

La Biblia dice que Job gozaba de una protección espiritual y Satanás no podía entrar en su territorio. Un día Satanás le dijo a Dios, que él no podía tocar a Job por la fuerte protección que había sobre su vida, y argumentó diciendo: "*¿No le has cercado alrededor a él y a su casa y a todo lo que tiene? Al trabajo de sus manos has dado bendición; por tanto, sus bienes han aumentado sobre la tierra*" (Job 1:10). Job, a través de su fe, había logrado levantar ese cerco de protección.

Lo único que logró derribarlo fue el temor, el cual luego le abrió la puerta a Satanás para que tocara a su familia y destruyera todo lo que poseía. "*Porque el temor que me espantaba me ha venido, y me ha acontecido lo que yo temía*" (Job 3:25).

Si hoy usted toma de decisión de volverse a Dios, y de servirle de todo corazón, Él levantará un cerco de protección alrededor suyo y de su familia. Lo revestirá de una gran autoridad espiritual, que la podrá usar para doblegar al hombre fuerte.

## USAR LA FE PARA REPRENDER LOS DEMONIOS

El Señor dijo en Marcos 16:17: "*Los que creen echarán demonios en mi nombre*". Usted solamente tiene que creer.

Jesús, en la Cruz del calvario ató completamente al Hombre fuerte. Las heridas en las manos a Jesús, ataron al adversario. La corona de espinas que puso en su sien, ató al adversario. La espada que cruzó su pecho, ató al adversario. Todo lo que el enemigo hizo en contra de Jesús se convirtió en una atadura contra él. Cuando Jesús murió, el adversario quedó completamente destruido, porque el Hijo de Dios en la Cruz lo ató y su muerte lo venció, quitándole toda la autoridad que éste tenía.

Allí se cumplió la escritura: "*...ésta te herirá en la cabeza, y tú le herirás en el calcañar*" (Génesis 3:15b).

La muerte de Jesús fue la derrota total sobre el adversario. Cuando usted quiera atar al enemigo, simplemente debe decir que lo hace en el nombre de Jesús. El diablo no quiere que usted use este Nombre, porque cuando lo oye, sabe que es Jesús, la persona que lo ató, derrotó y venció. Cuando usted declara: "Vengo en el Nombre de Jesús", Jesús oye que usted pronuncia Su Nombre, entonces actúa. Al decir: "Te ato", inmediatamente Jesús, a través de su victoria en la Cruz del Calvario, ata al adversario. Usar el Nombre de Jesús, es activar a Jesús para que Él actúe.

Cuando hay conflictos en el hogar, manifestado quizá a través de malas relaciones, si aprendemos a usar los principios de guerra espiritual, saldremos vencedores. Pero es muy importante entender que la lucha no es contra las personas, sino contra las fuerzas de maldad que tratan de operar a través de aquellos que están muy cerca de nosotros.

Cuando uno ata al hombre fuerte en el Nombre de Jesús, Él comienza a neutralizar el poder de las tinieblas, el cual tenía influencia sobre la vida de nuestros seres queridos.

## RESISTIR AL ADVERSARIO

Santiago 4:7 dice: "*Someteos, pues a Dios: resistid al diablo, y huirá de vosotros*". Este pasaje nos muestra dos aspectos importantes que debemos tener en cuenta para poder resistir al adversario: el someterse a Dios y el resistir al adversario. Lo uno depende de lo otro. Si usted no se somete a Dios, no podrá resistir al adversario.

Los hijos de un tal Esceva, al no tener conocimiento de la guerra espiritual, fueron avergonzados y humillados por los demonios. Ellos pensaban que con el exorcismo era más que suficiente. Creyeron que el Nombre de Jesús era como una palabra mágica que ahuyentaba los demonios, pero se llevaron un tremendo susto. Debe haber, de nuestra parte, un sometimiento pleno a Dios, porque en el momento de la guerra espiritual los demonios saben cual es la debilidad en la vida de las personas, y toman ese argumento diciendo: "Tú no me puedes echar a mí, pues ni tú te has sometido!"

## LA CLAVE DE LA VICTORIA ES EL SOMETIMIENTO A DIOS

Cuando nos sometemos a Dios tenemos la autoridad para expulsar cualquier demonio.

Debemos declarar la victoria obtenida en la Cruz del Calvario.

"*Cristo nos redimió de la maldición de la ley, hecho por nosotros maldición (porque está escrito: Maldito todo el que es colgado en un madero)*" (Gálatas 3:13). Sabemos, como ya lo exprese con anterioridad, que la Cruz representa maldición y que Cristo con su muerte nos redimió.

La palabra redimir significa, literalmente, que nos rescató de la esclavitud de Satanás, de la opresión y del engaño del enemigo. Toda la maldición quedó absorbida en la Cruz del Calvario. Cuando podemos entender esto, no importa el tamaño de la maldición que haya estado sobre nuestros hombros, ni los años en que la maldición nos haya perseguido, porque toda fue destruida completamente en la Cruz.

La Cruz es como un gran imán y sus pecados, sus ataduras y maldiciones son como pequeños alfileres. Si los acerca a la Cruz, el magnetismo del imán absorberá todos los alfileres como algo insignificante.

Y cuando los demonios escuchan que usted dice: "Escrito está, Cristo nos redimió de la maldición que había sobre nosotros a través de la Cruz del Calvario", son atraídos, absorbidos y completamente derrotados por la Cruz. Cristo nos redimió de la maldición.

Si entiende esto y lo practica, podrá vivir libre de muchas cargas que en el pasado le agobiaban.

## USAR LA ARMADURA DE DIOS

*"Por tanto, tomad toda la armadura de Dios, para que podáis resistir en el día malo, y habiendo acabado todo, estar firmes"* (Efesios 6:12-18).

El apóstol Pablo al escribir a los efesios, invitó a cada creyente a que tome la armadura de un guerrero, y así levantarse a pelear contra el adversario, cuya esfera de acción son los aires; pero se debe combatir con firmeza y valentía: vistiéndose con:

*El yelmo de la salvación*

Éste protegerá su mente, dándole la seguridad y la certeza que es salvo. Aunque el enemigo le ataque con pensamientos que confiesen lo contrario, el yelmo de la salvación le protegerá para que ellos no entren a su vida. Tendrá la certeza que su salvación es por gracia y que ya ninguna condenación hay para los que están en Cristo Jesús.

El yelmo le permitirá discernir toda clase de pensamientos negativos, que generalmente son los que provienen del adversario. Éste le recordará que usted tiene la mente de Cristo y que todo lo piensa de acuerdo a la fe.

*El cinturón de la verdad*

Tener el cinturón de la verdad es vivir de acuerdo a la Palabra de Dios, pues usted un día decidió servirle y ha desechado toda mentira de su vida. Jesús dijo: "conoceréis la verdad y esta os hará libres" (Juan 8:32).

*La coraza de la justicia*

La coraza protege su pecho, su alma, corazón y sentimientos. No es el deseo del corazón de Dios que usted tenga heridas emocionales, las cuales recuerde a cada momento de su vida. Cuando usted se viste con la coraza de justicia, todas sus heridas son curadas por el bálsamo del Espíritu. El enemigo no podrá hacerle daño, pues su corazón está protegido como un tesoro muy valioso en las manos del Señor, y sabemos que de sus manos nadie podrá arrebatarnos.

*El escudo de la fe*

Al usar el escudo de la fe, apagará todos los dardos encendidos de fuego del maligno, los cuales vienen sobre la mente. Estos dardos vienen en forma de pensamientos, y si usted ha dejado alguna puerta abierta, pueden llegar a hacer mucho daño. Al venir el pensamiento a su mente, uno cree que es uno mismo, pero es la astuta manera que tiene el enemigo de controlarlo. Usted debe desarrollar la habilidad de identificar cuándo el enemigo está trabajando en su mente; y a penas lo identifique debe levantar el escudo de la fe y declarar la Palabra de Dios, ese versículo específico lo derrotará. El escudo de la fe le guarda para que ningún mal venga sobre usted, ni ninguna plaga toque su morada. Debe cuidar su mente como el mayor tesoro en el mundo, y la mejor manera de hacerlo es llevando una vida de fe.

### *La espada del Espíritu*

El apóstol Pedro dijo que Satanás anda como león rugiente buscando a quién devorar, pero Dios nos dio la espada del Espíritu que es la confesión de la Palabra, para poder vencerlo.

Sabemos que la Biblia es Palabra de Dios escrita, y que mientras permanezca como palabra impresa, será inofensiva. Al igual que el guerrero que está en el campo de batalla, no le es de mucha ayuda saber que tiene armas y municiones guardadas en un depósito, las cuales no puede usar. Lo mismo sucede en nuestra vida cristiana; no nos es de gran ayuda, saber que hay muchas promesas de Dios para nosotros en la Palabra, sino las podemos usar. El éxito de la Palabra, dice Dios, es cuando ésta llega hasta nuestros labios y podemos confesarla.

Nosotros podemos confesar la palabra con autoridad, cuando ha llegado a nuestro corazón, como lo dijo el Señor Jesús: "Porque de la abundancia del corazón habla la boca".

Las tres veces que Satanás tentó al Señor, Él siempre le resistió confesando la Palabra; respondiéndole en cada situación: "*Escrito está.... Escrito está.... Escrito está". "El diablo entonces le dejó...*" (Mateo 4: 1-11). Si confesar la Palabra a Jesús le dio la victoria, ¿No cree que también nos la dará a nosotros?

Mi sugerencia es que usted trate de memorizar la Palabra de Dios, para que cuando el enemigo venga, usted sepa cómo resistirle.

## CANCELAR ARGUMENTOS

"*Anulando el acta de los decretos que había contra nosotros, que nos era contraria, quitándola de en medio y clavándola en la cruz, y despojando a los principados y a las potestades, los exhibió públicamente, triunfando sobre ellos en la cruz*" (Colosenses 2:14). Esto significa que todos los argumentos que fueron levantados por palabras, pensamientos o acciones, fueron anulados y destruidos en la Cruz del Calvario. Entendamos que nuestra deuda Cristo ya la pagó y que el pagaré que había en nuestra contra, Él ya lo rompió. Jesús canceló nuestra deuda, perdonó todos nuestros pecados, los anuló y en la Cruz del Calvario nos dio la victoria. Si entiende esto podrá tener victoria total sobre el enemigo.

## APLICAR LA SANGRE DE JESÚS

"*Y ellos le han vencido por medio de la sangre del Cordero*" (Apocalipsis 12:11). La sangre de Cristo es algo que los demonios no pueden resistir. Usted debe aplicar la Sangre de Cristo a su vida, su casa, su familia. Los judíos, durante la fiesta de las pascuas, por dirección de Moisés pusieron la marca de la sangre en las puertas y dinteles de las ventanas, para que el ángel destructor, al pasar, no hiciera ningún daño. Aplique a diario la sangre de Cristo sobre su vida, su cónyuge, sus hijos, sus padres, hermanos, seres queridos, casa y bienes para que ningún mal los alcance. Al aplicar la Sangre de Cristo se levanta un cerco de protección en el mundo espiritual, el cual el enemigo no puede atravesar.

CAPÍTULO 11

# Conozcamos al Espíritu Santo

Cuando uno conoce a una persona, lo primero que hace es preguntarse quién es, qué hace, qué le gustará, etc., y la mejor manera de conocer a alguien es a través de sus palabras. Dios permitió que podamos conocerlo por medio de Su Palabra. La Biblia es el único libro que nos revela lo que hay en el corazón de Dios. Por medio de ella podemos relacionarnos íntimamente con Él.

Otra forma de conocer a las personas es a través de sus escritos. Cuando uno estudia la Biblia, aprende a conocer los deseos de Dios para la humanidad. En ella, Él nos revela lo más íntimo de sí mismo. Para poder conocer al Espíritu Santo debe conocer primero la Palabra, que es Jesús. Ella le introduce al Espíritu Santo, y el Espíritu Santo le lleva a conocer lo íntimo de Dios. A través de las Escrituras, usted se acerca a Dios. Cuando recibe la Palabra, el Espíritu Santo pone fe en usted; la fe se activa y entonces usted cree lo que Dios dice con la pureza de un niño, acepta cada una de sus palabras, las toma como un decreto y obedece sin discutir.

En muchas ocasiones, en nuestra mente tenemos tantos conceptos preconcebidos que nos impiden conocer al verdadero Dios. El deseo del corazón de nuestro Padre es que le conozcamos y entremos en intimidad con su Espíritu. No se trata de desgastarnos por hacer la obra de Dios y descuidar nuestro tiempo de intimidad con el Espíritu Santo. Debemos entender que el Espíritu nos anhela celosamente.

## ANHELE SU PRESENCIA DENTRO SUYO

Comprendamos que el Espíritu Santo es todo un caballero, y que nunca invadirá nuestra privacidad, ni entrará en nuestra vida a la fuerza. Él siempre esperará que nosotros voluntariamente lo invitemos a entrar, y que, a la vez, le rindamos cada área de nuestro ser. Todo aquel que anhele servirle dentro de su obra, debe ser una persona que insistentemente mantenga una estrecha relación con el Espíritu Santo. Esta relación no puede ser de un día, ni de un mes, debe ser constante.

Si usted anhela un ministerio, tiene que preparar su vida para que el Espíritu de Dios venga a morar en ella, y dejar que Él mismo sea quien se exprese a través suyo. Usted debe procurar entregarle todo el control de sus pensamientos y deseos, para que Él pueda usar su boca como si fuera la propia. Que Él pueda tener a su disposición cada área de su vida y, del mismo modo que pudo fluir a través de la humanidad de Jesús, también fluirá a través suyo.

## DEBEMOS SER ADORADORES

Los adoradores han entendido que esto no es exclusividad de algunas personas, pues, a través de su esfuerzo, han podido pagar el precio de cultivar su relación con Dios. El adorador puede llegar hasta lo más íntimo de Dios, tocando así las fibras de su corazón. El adorador siempre tiene palabras de afecto, de amor y de exaltación que darle; y no toma ninguna decisión sin tener su dirección y aprobación.

De este modo, surge la pregunta: ¿Quién es ese ser tan maravilloso que debemos conocer, para amar, adorar y dejarnos guiar por Él?

## EL ESPÍRITU SANTO ES EL CONSOLADOR

Jesús, refiriéndose al Espíritu Santo, lo presentó a sus discípulos como "el Consolador" -en griego, "el paracleto"- es decir, alguien que está a nuestro lado para ayudarnos.

Al finalizar su ministerio terrenal, el Señor Jesús no quiso dejar solos a sus discípulos y por eso los reunió y les dijo: "*Pero yo os digo la verdad: Os conviene que yo me vaya; porque si no me fuera, el Consolador no vendría a vosotros; mas si me fuere, os lo enviaré*" (Juan 16:7).

En Lucas 24:49, dice que el Espíritu Santo es la promesa de Dios para todo creyente, y que, con su venida, todos podríamos disfrutar de su comunión. "*He aquí, yo enviaré la promesa de mi Padre sobre vosotros; pero quedaos vosotros en la ciudad de Jerusalén, hasta que seáis investidos de poder desde lo alto*" (Lucas 24:49).

Todos debemos llegar al conocimiento pleno de quién es el Espíritu Santo y además, saber que se trata de una promesa de Dios, quien lo envió como Consolador. Los siguientes elementos nos ayudarán a conocerlo mejor:

1. *Es una persona*

El Espíritu Santo es una persona. En el bautismo de Jesús el Espíritu Santo descendió en forma corporal, como de paloma, y se asentó sobre Él. Cuando usted oye hablar de una persona, relaciona que se trata de alguien que tiene inteligencia, que se expresa, que siente, que tiene emociones, que ríe, llora y se entristece. Usted encontrará exactamente las mismas manifestaciones en el Espíritu Santo. Cuando alguien peca, el Espíritu Santo se entristece; cuando alguien obedece, el Espíritu Santo se alegra; cuando alguien está en pruebas, el Espíritu Santo se compadece, porque dice que en todas las aflicciones de ellos, Él también se aflige. El Espíritu vive nuestras angustias y momentos difíciles, no es indiferente cuando sufrimos. Por eso, cuando usted lo conoce, se dará cuenta de que es una persona que no le ha dejado solo ni abandonado ni lo hará, pues quiere ser su amigo y compañero. Él es tan real como usted y yo, por eso, no debemos ignorarlo. Él necesita de nuestras palabras y anhela que le consultemos y pongamos a su disposición cada paso que vayamos a dar.

### 2. *Es quien glorifica a Jesús*

Jesús dijo: "*Él me glorificará; porque tomará de lo mío, y os lo hará saber. Todo lo que tiene el Padre es mío; por eso dije que tomará de lo mío, y os lo hará saber*" (Juan 16:14-15).

El doctor Dereck Prince comenta: "El Espíritu Santo es el único administrador de las riquezas divinas. El Padre y el Hijo comparten la totalidad de la riqueza infinita, pero quien la interpreta y revela es el Espíritu Santo". Podemos pensar que Dios tiene un almacén lleno de todo lo que el hombre pueda necesitar en la tierra. Cualquier persona que anhele ser enriquecida con esas bendiciones debe cultivar una relación íntima con el Espíritu Santo. Todo lo que el Espíritu hace contribuye a glorificar a Jesús. Cuando una persona deja de glorificar a Jesús mediante sus actos, o sus palabras, inclusive en la misma congregación, el Espíritu se hace a un lado. Si existe una amistad estrecha con el Espíritu Santo, se logrará el acceso a los tesoros divinos, y la tercera persona de la Trinidad se encargará de que los disfrutemos.

Cuando glorificamos a Jesús con nuestros actos, el Espíritu se goza y acrecienta su poder en nosotros, entregándonos las bendiciones de su gracia. Jesús dijo: "*El que cree en mí, como dice la Escritura, de su interior correrán ríos de agua viva. Esto dijo del Espíritu que habían de recibir los que creyesen en él; pues aún no había venido el Espíritu Santo, porque Jesús no había sido aún glorificado*" (Juan 7:38-39). El Espíritu Santo es la vida de la iglesia; sin el Espíritu de Dios no habría fe, no tendríamos esperanzas y careceríamos de amor.

### *3. Conoce lo más íntimo de Dios*

"*Y nosotros no hemos recibido el espíritu del mundo, sino el Espíritu que proviene de Dios, para que sepamos lo que Dios nos ha concedido*" (2 Corintios 2:12).

Note que Pablo dice aquí que quien conoce al hombre es el mismo espíritu del hombre que mora en él; pues sabe lo que hay en su interior y, por lo tal, cada quien tiene sus propios secretos; aunque nadie lo sepa, su propio espíritu es el único que lo sabe. Así como el espíritu del hombre conoce las cosas profundas y escondidas del hombre, del mismo modo el Espíritu Santo conoce lo íntimo, lo profundo y lo secreto del corazón de Dios.

4. *Tiene la plenitud de Dios*

El profeta Isaías dijo: "*Y reposará sobre él el Espíritu de Jehová; espíritu de sabiduría y de inteligencia, espíritu de consejo y de poder, espíritu de conocimiento y de temor de Jehová*" (Isaías 11:2). Como lo puede ver, el Espíritu de Dios siempre trabaja en equipo. La sabiduría hace equipo con el espíritu de inteligencia; el espíritu de consejo con el de poder; el de conocimiento con el de temor a Jehová. Ahí esta la plenitud del Espíritu de Dios, quien es la plenitud de Jehová.

5. *Nos hace nacer de nuevo*

Es sólo por medio del Espíritu Santo que llegamos a ser considerados hijos de Dios; es su obra en nuestra vida la que nos permite nacer de nuevo.

Nicodemo, quien era un respetado maestro en el pueblo de Israel, acudió a Jesús para felicitarlo por los grandes prodigios que estaba haciendo; pero la respuesta de Jesús fue: "*De cierto, de cierto te digo, que el que no naciere de nuevo, no puede ver el reino de Dios*" (Juan 3:3). Jesús sentó un precedente, que el nacimiento humano cumplió su propósito, pero que cada persona requería de otro nacimiento. Y éste solo se podría obtener con la ayuda del Espíritu de Dios. Del mismo modo como el Espíritu Santo estuvo empollando sobre las aguas para dar a luz al mundo, también el Espíritu de Dios estará empollando vida en los corazones de aquellos que se dispongan a aceptar a Jesús dentro de su corazón.

### 6. *Es nuestro guía*

Cuando el Señor Jesús estuvo en la tierra, dijo: "*Yo soy el camino, y la verdad, y la vida*" (Juan 14:6). Él fue y sigue siendo el único camino al Padre. La Palabra de Dios es como un mapa que nos ubica en este mundo, y la cercanía al Padre es a través de Jesucristo. Pero, al irse Jesús, prometió enviar al Espíritu Santo para guiarnos, a fin de que no nos apartemos de la senda correcta. "*Cuando venga el Espíritu de verdad, él os guiará a toda la verdad; porque no hablará por su propia cuenta, sino que hablará todo lo que oyere, y os hará saber las cosas que habrán de venir*" (Juan 16:13).

### 7. *Revela los secretos divinos*

Cuando el rey Nabucodonosor mandó a matar a todos los sabios de Babilonia porque no pudieron interpretarle un sueño, Daniel y sus tres amigos oraron específicamente a Dios para que les revelara el asunto.

*"Entonces el secreto fue revelado a Daniel en visión de noche, por lo cual bendijo Daniel al Dios del cielo. Y Daniel habló y dijo: Sea bendito el nombre de Dios de siglos en siglos, porque suyos son el poder y la sabiduría. Él muda los tiempos y las edades; quita reyes, y pone reyes; da la sabiduría a los sabios, y la ciencia a los entendidos. Él revela lo profundo y lo escondido; conoce lo que está en tinieblas, y con él mora la luz" (Daniel 2:19-22).*

CAPÍTULO 12

# Estableciendo la Visión

*Ezequiel 47:1-12*

El profeta Habacuc tenía una inquietud en la antigüedad, estaba muy incómodo viendo cómo cada líder espiritual hacía las cosas a su manera. En Habacuc 1:14, el profeta expresó su queja en oración y le dijo al Señor: "*¿Por qué has hecho que cada hombre sea como los reptiles o como los peces del mar que no tienen quien los gobierne?*". Luego, continuó: "*Señor, ¿cuál es la respuesta a mi queja?*" (Habacuc 2:1). Siguiendo en el versículo 2, el Señor le dio su respuesta: Para el tiempo del fin vendrá una visión de gobierno. Escribe la visión, declárala en tablas, para que corra. La visión se apresura hacia el tiempo del fin. Y luego afirmó: "Porque toda la tierra será llena del conocimiento de la gloria de Jehová". El Señor estaba hablando que para el tiempo del fin vendría una visión de gobierno, la cual llegaría a todos los rincones de la tierra, hasta que toda ella fuese cubierta de la gloria del Señor, tal como las aguas cubren el mar. Yo estoy completamente seguro que se estaba refiriendo a la visión del gobierno de los doce.

## LA IMPORTANCIA DEL G12

Sabemos que dentro del marco bíblico los números tienen un significado muy importante. Especialmente para los judíos, los números eran de mucha trascendencia.

Si pensamos por un momento en la eternidad y tuviéramos que explicarla, tal vez lo haríamos diciendo que son millones y millones de años. Debemos entender que sobre el tiempo, está el estado eterno. La eternidad consiste en un tiempo incontable. Para poder medir el tiempo de alguna forma, Dios estableció el Gobierno de los doce, o sea, los años, y a éstos los dividió en meses; de manera que el tiempo se puede gobernar a través de doce meses. Aún cada día consta de dos períodos de doce horas.

También hizo Dios lo propio con la historia, la separó en dos épocas bien marcadas: antes de Cristo y después de Cristo. Por eso, la Biblia se divide en Antiguo y Nuevo Testamento. El Antiguo Testamento fue gobernando a través de las doce tribus de Israel; el Nuevo Testamento fue gobernado a través de los doce apóstoles.

Es decir, que la visión del **G12** (Gobierno de los 12), siempre ha estado en la Biblia. Pero, en este tiempo, a Dios le ha placido revelarla. Cuando le preguntaron a Miguel Ángel sobre su obra titulada El David, dijo que la imagen siempre había estado en el mármol, y que lo único que él había hecho fue remover algunos escombros. El gobierno de los doce siempre ha estado en las Escrituras, pero éste es el tiempo en el que el Espíritu Santo está removiendo escombros para que la visión se aclare en nuestra mente. Debe entender que esta es la visión de Dios para su vida, su iglesia y su ministerio. Dios quiere que conozca la visión y se convierta a ella de todo corazón, porque esta es la esperanza de Dios para transformar las naciones de la tierra.

## EL G12, UNA VISIÓN DE RESTAURACIÓN

En la época del profeta Elías, el pueblo había entrado en apostasía. En 1 Reyes capítulo 18, versículo 30, el profeta Elías restaura el altar arruinado de Dios. En el verso 31, escoge doce piedras conforme al número de las tribus de Israel, y con ellas reconstruye ese altar. Note que el número doce es un número de gobierno y restauración. En aquel entonces, el pueblo de Israel había cambiado a Dios por Baal. En nuestros tiempos, estamos viviendo algo similar. El pueblo de Dios ha cambiado al Dios verdadero por el dios mundano, adorando lo material y amando el dinero más que cualquier otra cosa.

Años atrás, estaba en una iglesia de Estados Unidos y veía que todo era muy hermoso. El coro, la orquesta, todo estaba en su lugar; el templo, su decoración, todo era perfecto. Pero el Espíritu de Dios no estaba allí. Sentí una profunda tristeza en mi corazón y le pregunté al Señor qué estaba sucediendo. Él me dijo que le había dado lo mejor a su iglesia en esa nación, las mejores construcciones, la mejor música, la mejor teología, los mejores coros, pero que su gente prefirió quedarse con todo eso y sacarlo a Él de su morada.

El pueblo de Dios se quedó adorando lo que Él les había dado, pero Dios, el Dador, fue hecho a un lado. Éste es el tiempo en que la iglesia debe dejar de lado la indiferencia y volver a la verdad.

Debemos entender que es el tiempo de abrir las puertas para que el Espíritu Santo gobierne la iglesia. El altar estuvo arruinado, las piedras se hallaban desparramadas, no existía liderazgo sólido dentro de la iglesia, cada cual hizo como mejor le pareció, y cada pastor construyó su propio reino. Pero este es el tiempo en que Dios quiere traer restauración a su altar. Las piedras serán puestas nuevamente en su lugar y el fuego volverá a arder sobre el altar. El poder de Dios volverá dentro de la iglesia, pero para ello se precisan hombres con la osadía de Elías, que se atrevan a reconstruir el altar caído de Dios. Por eso, en la visión que tuvo el profeta Ezequiel, Dios le mostró la restauración del templo.

En ella se ve que debajo del altar sale agua. Ese altar se refiere al gobierno de los doce; es la visión que el profeta Ezequiel recibió para que se cumpliera en estos tiempos. El altar de Dios será restaurado cuando reestablezcamos el gobierno de los doce, porque cuando hay doce hay un solo corazón.

## EL G12, LA VISIÓN QUE CAMBIÓ MI MINISTERIO

Por años estuve trabajando como un pastor común y corriente. No tuve mayor crecimiento hasta que Dios me motivó a entrar en la visión celular. En un principio teníamos células, pero no era lo que yo quería. Eso fue hasta que Dios me reveló el gobierno de los doce. Un día, Él me preguntó cuántas personas había pastoreado Jesucristo; y mi mente repasó las diferentes etapas de su vida. Jesús había estado con las multitudes esporádicamente, pero un grupo que nunca cambió fue el de sus doce discípulos. Por tres años y medio, Jesús estuvo generando vida sobre doce personas. El Espíritu me dijo que yo tenía que hacer lo mismo, escoger doce personas, transmitir y soplar vida sobre ellos. Luego, cada uno de estos doce debería hacer lo propio con otros doce; y éstos últimos, lo mismo. De este modo, el crecimiento no registraría precedentes. Pero, todo debía comenzar por la vida del líder.

## EL LÍDER DEL G12 DEBE TENER UN CORAZÓN QUEBRANTADO

El líder que llegue a establecer el G12 debe carecer de un corazón egoísta; por el contrario, debe haber sido marcado y formado por el poder del Espíritu Santo. El Señor utiliza ciertas circunstancias para tratar con nuestro carácter, del mismo modo que lo hizo con Jacob, a quien condujo a una situación angustiosa en la que solo podía depender de la oración perseverante. En la noche más difícil de su vida, en la que sintió que las mismas fuerzas del infierno rugían contra él, de una manera desesperada, Jacob se aferró al Ángel de Jehová, y no lo soltó hasta que éste lo bendijo. Esa noche, Jacob sintió su espíritu liberarse del dominio de la carne. Todo en su vida cambió en tan solo una noche. Por eso dijo: "*Vi a Dios cara a cara, y fue librada mi alma*" (Génesis 32:30).

## EL LÍDER DE G12 ES GENEROSO EN INVOLUCRAR A OTROS

El líder debe entender que su mujer forma parte del ministerio en un cincuenta por ciento. La mujer no está solo para cuidar hijos, ella es parte vital del ministerio. El Señor les habló a Adán y a Eva como pareja, no lo hizo cuando Adán estaba solo.

Dios no desató la unción solamente sobre el hombre, sino sobre el hombre y la mujer. El hombre debe procurar para sí un corazón generoso, y darle oportunidad y participación a su mujer. Luego, tiene que darle participación a doce personas, porque establecer los doce es tomar doce personas y elevarlas a la dignidad de él. Se necesita tener un corazón muy generoso para compartir con doce personas.

Yo podría haber dicho: "He trabajado por años en el ministerio y no hay razón para compartirlo con otros que ni siquiera son de mi familia de sangre"; pero de eso se trata esta visión, escoger doce personas, que sabemos que el Espíritu de Dios atrajo a nosotros, y elevarlas a la dignidad de uno. Eso fue lo que Jesús hizo. Ninguno de los discípulos calificaba para estar dentro del grupo de Jesús, pero Él los transformó a través de la fe y de sus palabras; los sacó de su propia condición y los sentó a la mesa con Él. Luego, el Señor le pidió al Padre que aquellos, a quienes les había dado, estuviesen donde Él estaba. Ese es el trabajo del G12, elevar a doce personas a nuestro nivel, de tal modo que se conviertan en nuestros amigos, en nuestros compañeros de milicia, con quienes batallemos conjuntamente. El deber del líder es dignificar a sus discípulos.

Resultaría muy triste que Dios bendijera y prosperara a un líder y, de un momento a otro, éste se fuera con la mujer de su prójimo.

Cuando esto sucede, es muestra de que el altar de Dios está en ruinas. Más con el G12, esto se frenará porque el líder tendrá doce amigos, que lo protegerán y vigilarán noche y día. Los mismos discípulos notarán si hay algo malo que está sucediendo en la vida de su líder. El líder protege a sus doce y, a su vez, éstos lo protegen a él. Estoy seguro que si aquellos líderes que cayeron en el pasado hubiesen tenido doce personas a su lado, eso nunca les hubiese sucedido. El mundo necesita a gritos el liderazgo del G12, es la condición para los días actuales. Esta visión brinda una protección poderosísima porque viene del Espíritu Santo. Cuando una persona entra en la visión, Dios lo guarda sobrenaturalmente. Un líder con un carácter recto y con un hogar estable puede desarrollar los requerimientos de la visión.

## LA IMPORTANCIA DE GANAR

Hay varios pasos dentro de la visión; lo llamamos "**La Escalera del Éxito**".

El profeta Ezequiel midió mil codos y encontró el primer peldaño de la escalera de la visión. Esa primera parte se llama "ganar", porque el agua hasta los tobillos nos habla de eso. El Señor nos enseñó a través del profeta Isaías cuán hermosos son los pies de aquellos que llevan las buenas de paz. Las personas tienen que salir por sus barrios y predicar el evangelio.

Dios da gracia para compartir de Jesús a la gente. Pero, para salir a ganar, primero tenemos que hacer guerra espiritual. No es cuestión de salir a predicar por predicar; primero debemos atar los poderes demoníacos en los aires, neutralizar el poder de las tinieblas, identificar los principados que operan en la ciudad o estado, quebrantarlos, y recién ahí el ambiente está listo para salir a ganar. Todo ganador de almas tiene que ser un tremendo guerrero en la oración.

Ganar una persona no es solo compartir del evangelio de Jesús. Un joven que conocí en el aeropuerto de Dallas me contó su testimonio. Me dijo que había nacido a la vida cristiana en nuestra iglesia, en la ciudad de Bogotá, y que estuvo ocho meses formándose en ella. Las personas que le hablaron de Jesús ayunaron por él cuarenta días, de manera que todo el ambiente se volviera propicio para su salvación. Y cuando le predicaron, su corazón ya estaba abierto a las cosas de Dios. La gente no se convierte porque los líderes no quieren pagar el precio en ayuno y oración. No hay lágrimas en el altar de Dios por los perdidos, no hay compasión por la gente que se pierde. Salir a ganar las almas es tener un corazón compasivo. Es el amor hacia los perdidos lo que nos debe mover a ganar las almas para Cristo. Que el fuego de Dios vuelva a arder en el altar de nuestro corazón. Necesitamos el poder de Dios en nuestra vida.

Debemos clamar para que la unción de Dios venga otra vez a nuestras iglesias. Debemos implorar misericordia. Dios quiere usarnos para transformar naciones.

## CONSOLIDANDO CON LA FUERZA DE LA ORACIÓN

El profeta Ezequiel dice que aquél varón siguió midiendo mil codos más y el agua le daba hasta las rodillas. Eso nos habla del segundo peldaño en la escalera del éxito, "consolidar".

La consolidación se hace sobre las rodillas. Cuando ganamos a una persona para Cristo, nos vemos en la necesidad de orar por ella porque, en el mundo espiritual, los poderes demoníacos tratan de recuperar el terreno perdido. Mas si alguien persevera, Dios obra el milagro de guardar a la persona cerca suyo. El diablo tiene una cantidad impresionante de ofertas para atraer nuevamente al recién convertido, pero lo que hace que éste las resista es la consolidación de quién lo llevó a los pies del Señor.

Los consolidadores pasan tiempo en oración, tiempos prolongados de ayuno, horas de intercesión por las almas que han ganado, todo ello con el fin de que el Señor guarde las almas recién vueltas a la gracia divina y que envíe sus ángeles para protegerlas y apartarlas del mundo.

Cuando estamos orando, las personas se abren a seguir todos los pasos de la visión, y no hay resistencia para concurrir a pre-encuentro, encuentro y post-encuentro. Es así como retenemos a los nuevos, sobre nuestras rodillas.

## DISCIPULAR ES LA BASE DEL LIDERAZGO

El profeta Ezequiel dice que el varón midió otros mil codos, y el agua llegó hasta los lomos. Los lomos nos hablan del tercer peldaño, que es "escuela de líderes". Cuando usted asiste a la escuela de líderes, pasa la mayor parte del tiempo sentado sobre sus lomos, aprendiendo de la Palabra en el primer, segundo y tercer nivel. Debemos entender que la escuela de líderes no es un curso avanzado de teología que se le da a la gente, sino que se trata de lo esencial para que fácilmente la gente pueda comunicar la visión a otros. Discipular es enseñar a los líderes a transmitir el evangelio sin complicaciones y con un corazón compasivo. Todos los materiales que damos en la escuela de líderes han sido seleccionados cuidadosamente para facilitar el trabajo a las personas de liderazgo. Encontramos una gran lección en relación al pueblo de Israel y sus cultivos hidropónicos.

En cuanto a ellos, se le enviaba a cada planta la cantidad de agua necesaria a través de computadoras. Los israelitas descubrieron que las plantas podían alcanzar todo su desarrollo sin necesidad de regarles continuamente agua; mediante la tecnología, solo se les suministraba agua cuando las plantas lo requerían. La escuela de líderes es similar a los cultivos hidropónicos, no se les proporciona toneladas de información a los alumnos, sino lo que ellos puedan recibir, asimilar y transmitir.

## ENVIAR

El profeta Ezequiel dijo que el varón midió otros mil codos, y ya no se podía pasar el río sino a nado. Cuando una persona ha finalizado el primer nivel y está en el segundo trimestre de la escuela de líderes, puede empezar a ganar almas abriendo su primera célula.

El verso 6 dice: "¿Has visto, hijo de hombre? Después me llevó, y me hizo volver por la ribera del río". Note cómo es el proceso: Primero se gana a la persona; luego, se hace la consolidación y, en ese proceso, la persona pasa por pre-encuentro, encuentro y post encuentro; después, ingresa a la escuela de líderes y, una vez allí, puede comenzar a ganar a otros.

Los estudiantes son enviados cuando empiezan a ganar. Por eso, dice la Biblia que le hizo volver por la ribera al otro lado. Cuando estaba en proceso, se hallaba de un lado de la ribera; atravesó a nado al otro lado, es decir, fue enviado, y regresó a empezar a hacer la visión desde el otro lado, ya no como la persona que es discipulada sino como un discipulador.

## EL RESULTADO DE TRABAJAR EN PAREJA

"Y toda alma viviente que nadare por dondequiera que entraren estos dos ríos, vivirá; y habrá muchísimos peces por haber entrado allá estas aguas, y recibirán sanidad; y vivirá todo lo que entrare en este río" (vs. 8). Note que de un río sale otro río. Un río representa la vida del hombre y el otro, la vida de la mujer. Esto habla de cuando el hombre y la mujer están unidos, es decir que cuando el hombre dignifica a la mujer y la pone a su lado en el ministerio, se convierten en dos ríos poderosos que llegan al mar. El mar representa la presencia de Dios. Cuando ambos entran en la dimensión de la fe, se genera una gran multiplicación; la Biblia lo expresa con la declaración de que habrá allí muchísimos peces, por haber entrado las aguas de los ríos.

Un ejemplo muy sencillo está en la vida de mi esposa. Si yo hubiese tomado la actitud del típico machista y hubiese dicho que yo tenía la unción y que la mujer debía quedarse callada en la congregación y escuchar mis enseñanzas, posiblemente mi ego hubiera hallado satisfacción. Pero si yo no le hubiese dado participación a mi esposa, no tendríamos en la actualidad más de veintidós mil células de mujeres.

Y la gran multiplicación comenzó cuando ella entró de lleno en el ministerio. Cuando esto sucedió, nos transformamos en esos dos ríos que traen consigo cantidades incontables de peces.

"Y junto a él estarán los pescadores y desde En-gadi hasta En-eglaim será su tendedero de redes; y por sus especies serán los peces tan numerosos como los peces del Mar Grande" (vs. 10). Note que cuando el hombre le da participación a la mujer, y ambos han seguido el proceso de la escalera del éxito, pueden trabajar con las tres redes: la red de hombres, la red de mujeres y la red de jóvenes. Génesis 1 dice que Dios creó en un día el sol, la luna y las estrellas. José tuvo un sueño, al que Jacob entendió claramente y le dio la interpretación, que el sol, la luna y once estrellas se inclinaban ante él. Y Jacob le dijo a José: "*¿Acaso crees que tu madre, tus hermanos y yo nos postraremos ante ti?*" (Génesis 37:9-10).

El sol representa la red de hombres, la luna la red de mujeres y las estrellas la red de jóvenes. Por eso trabajamos con las tres redes. Las tres redes juntas promueven la gran multiplicación.

"Y junto al río, en la ribera a uno y otro lado, crecerá toda clase de árboles frutales; sus hojas nunca caerán, ni faltará su fruto. A su tiempo madurará, porque sus aguas salen del santuario; y su fruto será para comer, y su hoja para medicina" (vs. 12). Esto se refiere al trabajo en las células. A través de esta palabra, vemos que las células se convierten en árboles fructíferos. En las células es donde se extractan los líderes de doce. En las células es donde las personas maduran y en donde hay medicina para sus vidas. Las células son la columna vertebral de la iglesia.

*La visión es importante, por eso tiene que anhelarla y entrar en ella de todo corazón.*

SUEÑA
Y GANARÁS
EL MUNDO
CÉSAR CASTELLANOS D.
PRÓLOGO POR BENNY HINN.
En Sueña y ganarás el mundo nos encontramos con un Dios visionario que ha respaldado cada paso de fe dado por un hombre igualmente visionario. No hay nada de malo en soñar cuando se hace guiado por la voz del Espíritu Santo. El Señor Jesús desafió a sus discípulos a que tuvieran visión para ganar al mundo para Su Padre. Este es un desafío a soñar grandes sueños, hacer grandes planes, orar grandes oraciones, y obedecer grandes mandamientos. Sé que la lectura de este libro le ayudará a comprenderlo mejor, a remover las fibras de su corazón, a quitar de sus labios la frustrante frase "no puedo", y a emprender grandes tareas hacia un blanco definido. César Castellanos y su esposa Claudia Rodríguez lo han logrado en su vida personal y en el área ministerial como pastores de la Misión Carismática Internacional.
LUIS PALAU
G12

La clave para tocar el corazón del Padre depende de cómo nos relacionemos con El. Por lo tanto, conocer, entender y poner en práctica cada uno de los pasos de la preciosa oración presentada por Jesús, lo llevará a vivir día a día una experiencia sobrenatural.

www.g12bookstore.com

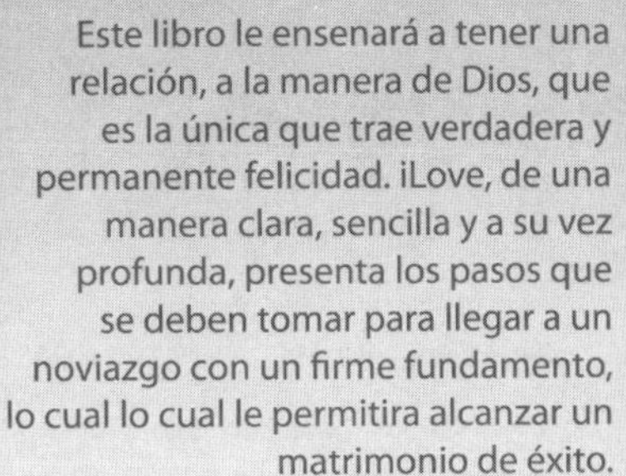
Este libro le ensenará a tener una relación, a la manera de Dios, que es la única que trae verdadera y permanente felicidad. iLove, de una manera clara, sencilla y a su vez profunda, presenta los pasos que se deben tomar para llegar a un noviazgo con un firme fundamento, lo cual lo cual le permitira alcanzar un matrimonio de éxito.

iLove. Escucha la voz de Dios y crea tu propia historia
Johanna Castellanos
iLove
¿Quién será?
¿Estoy listo?
¿Cómo puedo orar?
¿Qué debo hacer?
Escucha la voz de Dios y crea tu propia historia
Johanna Castellanos
prólogo por Cesar Castellanos

Esta obra le enseñará a desarrollar importantes herramientas como: Ganar, Consolidar, Discipular y Enviar, que es el medio que Dios usará para dar crecimiento.

***Conozca acerca de:***

El Poder de una Visión
La Estrategia del Ganar.
Cómo retener el Fruto por medio de la Consolidación.
Cómo preparar un Encuentro de Éxito.
El Pos Encuentro.
La Escuela de Formación G12
El Desarrollo del Reencuentro
Formación del Equipo de Doce.
Multiplicación sin Límites.

CÉSAR CASTELLANOS

LA ESCALERA DEL EXITO

GANAR
CONSOLIDAR
DISCIPULAR
ENVIAR

WWW.G12BOKSTORE.COM